JN439040

詩華集

낙엽을 쓸고 시도 줍고

이재욱 시선집

시화집
이재욱 시선집
낙엽을 쓸고 시도 줍고

초판인쇄 2019년 7월 15일
초판발행 2019년 7월 22일

지은이_ 이재욱
발행인_ 이현자
발행처_ 도서출판 현자

등　록_ 제 2-1884호 (1994.12.26)
주　소_ 서울시 중구 수표로 50-1(을지로3가, 4층)
전　화_ (02) 2278-4239
팩　스_ (02) 2278-4286
E-mail_001hyunja@hanmail.net

값 12,000원

ISBN 978-89-94820-48-4　03810

이 도서의 국립중앙도서관 출판예정도서목록(CIP)은 서지정보유통지원시스템 홈페이지(http://seoji.nl.go.kr)와 국가자료종합목록 구축시스템(http://kolis-net.nl.go.kr)에서 이용하실 수 있습니다. (CIP제어번호 : CIP2019026249)

詩華集

낙엽을 쓸고 시도 줍고

이재욱 시선집

도서출판 연자

시화집詩華集을 내며

오늘이 오기를 기다렸다는 듯
집안에 갇혔던 마음이
대문 밖으로 나온 기분입니다
그동안 발간한 시집에서
나름대로 다시 읊고 싶은 시들을 모아
시화집詩華集을 내고 싶습니다
한 인생의 삶을 통해 한 문장 한 문장
그 느낌을 세상 밖으로
표현해 내는 것이라고 하지만
그래도 그동안 시집을 펴낼 때마다
내 몸에 맞지 않는 옷을 입고 나오는 것처럼
독자 앞에 나서기가 늘 쑥스러웠습니다
그러나
동료들의 조언과 독자들의
따뜻한 사랑에 힘입어
오늘의 시화집을 펴내게 되니
또 하나의 내 인생에 큰 보람을 느낍니다
최근 들어서 건강 악화로
실의에 빠진 내 자신에게

왜 시를 쓰느냐고 묻는다면
한국문단에 깃발을 꽂기 위해서가 아니라
시는 내 인생의 예술이라 생각하기에
시생詩生으로서
한 문인으로서 다시 태어난다는 자세로
한 권의 시화집을 펴내기로 했습니다
그러나 오늘날 시인의 운명도
불확실한 시대를 살아가다 보니
시인과 독자 간의 벽을 넘어야 하는
제2의 길을 모색해 나가야 함을 생각합니다
오늘날 문학·예술이 시들어가는 시대에
문학인으로서 문학·예술에
촉촉이 물을 주어서
문학의 향기를 꽃피울 수 있다면
문인은 더 이상 행복할 수 없습니다
그동안 시집에서부터 시화집을 펴내기까지
박수를 보내주신 모든 분께 감사드립니다.

2019년 6월
국당 시동산에서 **이재욱**

차례

自序 …4

1부_ 지나온 흔적

뽀얀 봄 내음 …14
노랑나비 봄 앓이 …15
봄을 임신한 겨울 나그네 …16
냉이꽃 향인가 …17
봄맞이 눈꽃 …18
꽃밭 무대 …19
사랑의 밥상 …20
영산홍꽃 …21
봄소식 …22
봄 이불 …23
어느새 나비가 되고 …24
봄 처녀 …26
어느새 삼월은 가고 …27
산국화 피는 언덕 …28
눈꽃 …29
겨울모자 …30
은빛 천지 …32
추억을 그리며 …33
웃음꽃 …34
피어나는 웃음꽃 …36
포장마차 …37
백암산 …38
할머니 채소밭 …40
새벽 우유 …41
채워지지 않는 외로움 …42
범선 카페 …44
돌아본 인생 …46
가야 할 길 …47
혈육의 사랑 …48
쪽잠을 청하고 …50

2부_ 현실의 그림자

달콤한 시 한 구절 …52
사랑의 꽃동산 …53
희망의 동산 …54
시(詩) 동산의 남자 …56
시학(詩學)의 공간 …57
시(詩) 동산 텃밭 …58
시(詩) 동산 백년의 벗 …60
시(詩) 동산의 겨울 …61
시(詩) 동산의 이력서 …62
그 이름 시생(詩生) …63
하트가 무지개처럼 …64
산고의 진통 …65
만물상 비경 …66
천하를 올려놓고 …68
웃음의 탈 …70
마음의 금강산 …71
너른 고을이여 영원하라 …72
부산항 …74
박달재 사연 …75
영월의 혼 …76
낭만도 꿰매달고 …78
개 팔자 상팔자 …80
애창곡(愛唱曲) …82
닭띠해도 노을 지고 …84
가족이라는 울타리 …86

3부_ 낙엽을 쓸고 시도 줍고

밤 내음 …88
콧노래만 …89
사랑의 열매 …90
종종걸음 …91
오월의 바다 …92
새벽 외출 …93
초승달 …94
어이할꼬 …95
가랑잎 …96
커피 속 단풍 …97
고드름 …98
눈꽃 송이 …99
길벗 …100
술잔에 사랑이 고였네 …102
이 빠진 화분 …103
꽃향기와 입맞춤 …104
봄 향기에 취해 …106
흘린 밥풀 …108
삥튀기 한마당 …110
4월의 영산홍 …112
삼복(三伏)의 알몸 …114
텃새의 상팔자 …115
도라지꽃 …116
시향에 젖어 …117
낙엽을 쓸고 시도 줍고 …118
부활의 꿈 …120
옹달샘 …121
잡히지 않는 시간 …122
떠나는 초생달 …123
사랑의 꽃 …124
세상 사는 맛 …126
저녁밥 짓는 소리 …128
장독대 …130

4부_ 심장의 울림

어머니의 하늘 …*132*
꿈같은 세월 …*133*
얄궂은 운명 …*134*
아내의 불심 …*135*
철없는 세월 …*136*
행복의 무게를 …*138*
젊은 날의 추억 …*139*
때로는 깃털처럼 …*140*
벚꽃 떨어지며 …*142*
억새꽃 …*143*
가을 길을 산책하고 …*144*
가을의 길목에서 …*146*
세월에 기대여 …*147*
구름 같은 인생사 …*148*
남은 여정 …*149*
건강의 탈출구 …*150*
탈출구 없는 인생 …*151*
보약 같은 친구 …*152*
내 인생 도박 당하고 …*154*
너털웃음만 …*156*
곰삭은 인생 …*158*
용수리 콩밭에서 …*160*
세월을 보내는 무갑산 …*162*
고개 숙인 무갑산 …*163*
외로운 암자 …*164*
칠보산 …*166*
시(詩) 한 편의 행복 …*167*
시(詩) 한 바구니 …*168*
시(詩)는 인생의 유산균 …*170*
그대로 시 한 편 …*172*

5부_ 돌아보는 풍경

축복의 땅 …174
행복한 삶의 무게 …175
얼어붙은 침묵 …176
갈채의 동인 …177
꽃잎 비명 …178
난의 향기 …179
목련 …180
행복의 밧줄로 …181
오동도의 봄 …182
3월의 팔당호 …184
튤립 단상 …185
관음죽 …186
젊은 여름 …187
허수아비 …188
가을의 창 …189
황금벌 …190
별과 산호 …191
졸고 있는 보름달 …192
입 벌린 밤송이 …194
단풍나무 …195
천하무적 …196
길 잃은 아기 구름 …197
물소리를 담고 …198

6부_ 기록을 남기며

공감 속의 기도 …200

자문자답 …201

꽃들이 잠이든 팽목항 …202

빨간 악마들 …204

월드컵이 한반도 위상을 …206

2018 평창 동계올림픽 …208

아시안 게임 …210

판문점 굴뚝새 …212

북녘땅 …214

4.27 한반도 봄은 오는가 …216

민생의 함성 …218

문학은 위기 시대 …220

읍민 축제의 날 …222

주일날의 미사 송 …224

백세로 가는 고속도로 …226

난관극복 …228

내 마음 몰라주고 …230

폐만의 반란 …232

인동초 공생 법칙 …234

아내의 사랑의 역사 …236

은빛 날개 핀 보름달 …238

사랑의 정답 …240

공(空)으로 가는 인생 …242

우리의 공감도 …243

自筆_ 마음을 담아 쓰다 …246

1부

지나온 흔적

갓 나온
어린 냉이꽃도 뒤질세라
햇살 받아먹고
씨앗을 쏟아 놓으니
파릇파릇 송골송골
피어나는 꽃향기는
씀바귀꽃 향이던가
냉이꽃 향이던가

뽀얀 봄 내음

이른 봄
뽀얀
솜털 옷 입고
송골송골 피어나는
버들강아지

햇살 헤집고
문패 달아 놓았네

봄의
마술사로
불리는 냉이꽃 향기

그 진한
냉이 향에
취하고 나니

무거운
발길도 가벼워라

노랑나비 봄 앓이

만물이
약동하는
봄 아지랑이 숨소리에

어느덧
찬 서리 녹이고
수선화 꽃 망울망울
세상에 얼굴을 내민다

벚꽃길에도
꽃잎 떨어지는
비명 소리 듣고
달려온 노랑나비

꽃잎 잡고 짝사랑에
봄 앓이를 하며
봄을 풀어내고 있다

봄을 임신한 겨울 나그네

봄 여신에 밀려
떠나는 겨울 나그네
봄을 임신하고도
모른척
영하의 아픔을 삼킨다

봄을 임신한
겨울 나그네

마지막 잔설로써
절개를 지키기에
안간힘을 쏟는다

봄을 임신한
겨울 나그네

만삭의 몸으로
하얀 잔설로써
자존심을 지켜보지만

종내 자신의
일거수 일투족을
마지막 잔설 위에다
출산의 기록을
남기고 있다.

냉이꽃 향인가

새벽 봄소식 듣고
앞 뜰에 민들레가
앙증스럽게 꽃망울을 내밀더니
어느새 옥상에도 날아와
뿌리 내린 민들레
하늘 끝자락에서 지난 추억을
하나 둘 하나 둘 엮어가고

갓 나온
어린 냉이꽃도 뒤질세라
햇살 받아먹고
씨앗을 쏟아 놓으니
파릇파릇 송골송골
피어나는 꽃향기는
씀바귀꽃 향이던가
냉이꽃 향이던가

잡힐 듯 잡힐 듯 잡히지 않고
풋풋한 흙 내음 봄 내음만
눈 속으로 입속으로
시시각각으로 멀다고
봄 앓이 하며
봄을 풀어내고 있다

봄맞이 눈꽃

밤새 쌓인
눈꽃으로

버들가지마다
소담스럽게
만개한 눈 꽃송이

실바람에도 떨어질까
파르르 떨다가

얼음과자 달아놓고
봄나들이 떠나네

새소리
종소리
음악소리 들으니
나도 모르게
내 작은 가슴 뜰에도

희망의 박동소리가
들려오네

꽃밭 무대

어느
봄날에
봄빛 받아먹고

꽃밭 무대 위에
핀 수선화

멋진
자태로
공연을 펼치니

수줍은
제비꽃도
애교를 부리며
미소를 짓는다

옆에 있던
잔디 꽃도
시새워 꽃향기 품어내어

길손들의
발길을
사로잡네

사랑의 밥상

새록새록
벙그는 봄날 아침
밥상을 위해

씀바귀향 넘치는
사랑의 밥상을 차렸네

칠첩 반상 위에
사랑의 비타민을 얹어

오붓하고
짜릿한

인생의 입맛을
노년의 밥상을

알콩달콩 느껴본다

영산홍꽃

4월의
영산홍꽃 속에
숨어 웃는 아지랑이도

뽀얀 봄 내음도
멋진
시 한 편을 피우고 있으니
종이 위에
시詩가 굳이 필요 없네

꽃들의
현란한 몸짓으로
진하게
시를 쓰고 있으니까

봄소식

머나먼 남쪽 나라 봄소식에서
따스한 온기를 받아먹더니
찬란한 꽃향기 토해내는 산수화

노란 개나리는
봄을 알리는 봄의 전도사

제비꽃 할미꽃 냉이꽃 민들레꽃
이름 모를 꽃들과 하나 같이
눈 맞춤하니
겨울 몸살도 끝나기도 전에
봄 앓이로 버둥거리며
봄을 풀어내고 있다

봄뜰을 간질이는 봄바람에
대지가 눈을 뜨고
봄 아지랑이도 꽃잎 속에 숨어
잔망스럽게 수줍어 웃던
봄꽃도 봄볕에게는
모든 순결을 바치고 있다

봄 이불

밤새 쌓인 함박눈
눈꽃으로 무리져

버들가지마다 소담스레
만개한 눈꽃 송이

실바람에도 떨어질까
파르르 떨다가

얼음과자 달아놓고
눈 이불 덮어준다

새 소리 물 소리
재잘거림에
두 귀가 열리고

내 가슴 속에 따스한
봄물이 고여 오네

어느새 나비가 되고

새벽 공기를 가르는 까치 소리에
어느새
시 동산 전원에 꽃피고
새가 울면
봄날은 살찌운다

해마다 4월이면 영산홍꽃 향기가
시 한편 시 한 구절 띄워 주고
저마다 꽃들은 손짓하며
추억을 이야기하네

봄비 먹고 봄나들이 나온
꽃들의 화려한 미소

4월의 웃음꽃에 새들도
노래하고 춤을 춘다

꽃향기 맡으면
어느새 나비가 되고
파란 하늘을 보면
어느새 구름이 된다

어느새 영산홍꽃이 만발하니
봄 하늘에는
상큼한 봄 향기가
저 푸른 하늘가에도
가득히 수를 놓았네

봄 처녀

무갑산
깊은 얼음골에
봄이 내리면
버들가지
눈 트는 소리에

놀랜 개구리도
잠에서 깨어
기지개 켜고

한낮에 햇살은
꽃망울을 연다

봄 처녀 아롱아롱
가슴 설레고

봄 바구니엔

봄 처녀
콧노래만
가득 차 넘는다
가득 차 넘는다

어느새 삼월은 가고

어느새 구름 사이로 삼월은 가고
진홍빛 사월의 물결이 흐른다

초봄을 경험한
민들레는
아직도 홀씨로 남아
그의 숨결 들리는 듯 들리는 듯
알쏭달쏭 이더니
어느덧 봄날의 시인 되어
온 세상 천지 위에
멋진 꽃동산 시를 쓰고 있었네

딩동댕 봄을 부르는 종소리는
봄의 전도사가 되어
골짜기 골짜기마다
겨울 늦잠을 깨우고 봄을 알리니
홀로 피어 있는 개나리노
잔밍스레 웃으며
그 순결을 꽃망울에
온몸을 바치고 있다

산국화 피는 언덕

햇살이 웃고
바람이
손사래 치는 그 언덕

들국화 피는
언덕에 누워
흘러가는
가을 하늘을 보고

산국화 피어나는
사랑스러운 모습을 보니

어느새
오곡백과 무르익는 풍요에서

계절은
가을의 낭만을 노래한다.

눈꽃

하루를 여는
백운암 뜨락에는

짓궂은 동남풍
심술쟁이가

은빛 눈꽃 타래를
살짝
떨어뜨리니

눈꽃은 간 데 없고
은빛 가지엔

살짝
아침 햇살만
걸렸네

겨울모자

어젯밤 눈보라 속에
한기寒氣가
내리더니
오늘 한나절에도
이 못난 애완견이
오돌오돌 떨고 있네

사르르
소리 없이 내리는
함박눈
코끝에서도
진한 한기를 뿜어내고

창밖에
매서운 바람에
내 마음도
얼어붙으니

손바닥 비비며
겨울모자

푹
눌러쓰고
문밖을 나선다

은빛 천지

함박눈이
소복소복
축복처럼 쌓이는 아침
헐벗은 나뭇가지마다
하얀 눈 솜옷을 입힌다

눈 꽃송이가
차분히 세상을 덮으니
온통 은빛 천지로 변하네

나는 시 동산 뜰아래
내려와
함박눈 꽃을
한 아름 받아 안고
두 손 높이 벌려 즐겁게
맞이하려네

추억을 그리며

그 옛날
아침 출근길
함박눈이 날리는 날

종종걸음을 걷노라면
푹 눌러 쓴 모자 챙 앞에는
내뿜는 입김마저 안개 되어
햇살을 가리고
사각사각 첫눈이 내리는
아침 출근길

뽀드득 뽀드득
첫눈 밟는 소리가
희망의 소리인 듯
행운의 소리인 듯

주섬 주섬
지난 추억을
쓸어 담아
빈 가슴을 채운다

웃음꽃

오늘도 옛 생각에 잠겨
익숙한 전화 한 통에
꽃동산 주저앉아
옛이야기 꽃을 피운다

배꼽 웃음도 줍고
행복의 웃음도 캔다
때로는
정치 이야기 꽃도 피지만
그 꽃은
한숨 꽃으로 시들어간다

정치판
이야기 접고
나만의 오솔길 걷노라면
무겁던 발길도 사뿐사뿐

지나온 삶도 되돌아보면서
아련한 내 인생의

추억의 길만 새록새록
떠오른다

눈부시게
햇살 쏟아지는 한나절
문득 그대와 함께
손잡고 걷지 못하는
안타까움만 커가네

피어나는 웃음꽃

끝도 없이
무심히 가는 세월은
내 인생 묶어 놓고

내 젊음도 툭 쳐서
뺏어 갔네

고향에 죽마고우 선생
따뜻한
말 한마디로
온 세상을
따뜻하게 해주니

내 희망은
내 눈가에도
내 입가에도
주렁주렁

피어나는 웃음꽃은
나만의 행복으로
물결쳐 온다

포장마차

어둠이 내려앉은
허름한 골목길

희미한 가로등 아래
너와 내가 마주할 때

내 마음 알아주고
다독여 주는 포장마차

파이팅 소리 높여
부딪히는
술잔 속에는

내일의 희망이
뽀얗게 피어난다

백암산

팔월 뙤약볕에
백암산 등산길

앞선 일행
싸리꽃 향기에 취해
길을 멈춘다

귓전에 맴도는 꿀벌 한 마리
꽃향기에 취해 비틀비틀

고고히 피워 올린
싸리나무 꽃향기
싸리꽃 선을 보인다

자연의 오묘함에
취해 있는 일행들

꿀벌 날개 소리
산울림 피어오르고

내 숨결도 어우러져
백암산에 메아리 된다

백암산_ 충남 아산군 소재.
2004년 이인상 내외와 함께 백암산 등반하며 지은 시.

할머니 채소밭

앞뜰에도 채소밭
뒤뜰에도 채소밭

할머니
채소밭은
밥상 위도 채소밭이다

상추보쌈
큰입 두 입 세 입 네 입

된장국 아욱국에 다가
칠첩반상에는

손자손녀들 쑥쑥 크고

할머니
밥상머리에는

사랑도 행복도
쑥쑥 큰다

새벽 우유

꼭두새벽
공기를 가르는
우유배달

새벽 이륜차의
페달 소리는

어둠을 밀어내고
햇살을 부른다

새벽 찬 바람에
우유 한 팩만
놓고 간 자리에는

홀로 외로이
우유 팩만
오들오들 떨고 있다

채워지지 않는 외로움

어쩌다 이렇게
늘그막에 부엌 행주 물이
발등을 적시고

창문에 스미는
싸늘한 한기도
내 등을 덮치는구나

일렁이는 햇살을 봐도
허허로운 들녘을 봐도

채워지지 않는 동지섣달
내내 외로움만
쌓여 가고

서릿바람 스미는 소리가
내 눈시울을 훔치니

미워도 한세상
좋아도 한세상

흘러간 노래 소리 저편으로
어물쩍 호랑이 해도
저물어 가네

*2009년(경인년)에 아내가 입원하던 때, 심정을 담은 시.

범선 카페

한나절 햇살은
잔잔한 비듬 물결을 이루고
물오리 떼 세 쌍이 눈길을 끈다
녹슬고 빛바랜
해적들의 서빙이 있는
테마 범선 카페
허죽 간 빈집처럼
거미줄로 꾸며져 있네

지난날을 비웃기라도 하듯
오늘의 당당함이 떠 있다
산수유 한 잔에
입술 적시고
범선의 내력을 묻는다

천년을 하늘만 보고
도도하게
누워있는 남한강
어느새
산그늘에 묻혀

햇살 한 뼘 기우니

동심으로 돌아간 길손들
묵묵히 떠 있는 남한강을
한 아름
안아 보고 가네

*범선 카페_ 남한강 기슭, 화양리 31- 1번지

돌아본 인생

먹구름이 걷히는
아침이지만
계절의 눈도 맞출 겨를도 없이
또 다른 낙엽이 뒹굴고
국화꽃 향기 짙은 계절
돌아보는 내 인생도
천년만년 살 것처럼
황홀한 꿈을 키워왔었지

인생이야 다 그런 것 아닌가
정해진 운명 팔자려니
달려온 내 인생 후회는 없네

어차피 인생은
공수래空手來 공수거空手去
아픔일랑 미련일랑
다 던져 버리고
건강의 금메달을 바라보며
오직 건강의 대로만을 걸을 뿐일세

남은 인생
멋지게……

가야 할 길

태어날 때부터
가야 할 길은
이미 정해져 있다

사는 동안
고향과 타향을
넘나들며

사는 법을
배우고 익혀왔지

다음은
어디로 가야 할 곳도
정해져 있기에

선택의 여지가 없다

나는
그 길을

택해야 하니까

혈육의 사랑

지난
내 청춘도
내 황금기도
이미 떠나버렸고

그나마 남은 외 형제
해맑은 웃음 속엔
진한 혈육의 정
가득히 흐르고

가는 세월에도
곱게 곱게 늙어가는
누님 모습이
너무 그리 아름다워라

낮이면 이모 댁 하늘에
조각구름 불러 바둑 두자 하고

밤이면 이 생각 저 생각
옛 생각을 풀어
황혼빛 꽃수를 놓으니

오늘따라 유심히
어머니 옛 모습이
하얀 그리움으로 떠오네

쪽잠을 청하고

시시때때
눈 맞출 겨를도 없이

추적추적
밤비 내리는 깊은 밤

우리 할멈
무릎 병 앓는 신음소리

귀 끝을 세운다

하지만
백수百壽로 가는
숨 가쁜
소리로 돌리고

다시
고단한 밤
쪽잠을 청한다

2부

현실의 그림자

곤지암천 내린 비가
내 마음을 적시고
시와 함께 살고 있는
시 동산의 남자라네
일 년 열두 달 내 마음과 살고 있는
시 동산에 남자라네

달콤한 시 한 구절

잠들지 않는
시詩 한 구절이
알알이 주마등 되어
가신 님의 등불이 되고

달콤한
시詩 한 구절이
젊은이 로맨스에
행복의 마술사도 되고

우리 생활 속에
먼지를
털어주기도 하지만

때로는
못난 바보들의
푸념이 되기도 하지

사랑의 꽃동산

시詩 동산은
사랑의 시詩 동산으로

언제나

웃음보따리를
풀어 놓는
웃음의 꽃동산이다

즐거울 때에나
외로울 때나

사랑의 시학詩學의 공간은
사랑의 꽃동산으로

희망의 꽃동산으로
사시사절四時四節 새롭게
다시 피어납니다

희망의 동산

갈 곳 없는 안방 영감
앞을 봐도 뒤를 봐도
황혼빛 인생일세

백년의 벗
시詩 동산에 들어서니

오늘 따라
설레는 마음
나도 모르게
습관적으로 십팔번
영산홍꽃 콧노래가 나온다

저마다
꽃들도 반겨주는 시 동산
자매 형제들이여
한번쯤 찾아오시라

꿈도 줍고
시詩도 줍고
희망도 줍는
희망의 낭만의 동산
내 인생의
희망을 찾아갑니다

시詩 동산의 남자

용수리 67-40번지
갤러리 떠 있고
전시관의 전시물은 만인의 눈길

시 한 수 걸어 놓고
야생화를
심어놓고
푹 빠져 시비가 되었나
지쳐서 꽃동산이 되었나

곤지암천 내린 비가
내 마음을 적시고
시와 함께 살고 있는
시 동산의 남자라네
일 년 열두 달 내 마음과 살고 있는
시 동산에 남자라네

시학詩學의 공간

5월의 드넓은 하늘 아래
올올이 다듬어 놓은
시학의 동산
눈 높이
세상에 올려놓고
내다보는 경관은
축복의 땅
신의 공간이며
내 인생의 공간이다

구름도 쫓기고
외로움도 쫓겨 가는
행복이 싹트는 동산에는
초생달도 삐꾸기도
노송나무 뒤에 숨어
배시시 미소 짓고 있네

어쩌면
나만의 낭만 속에 젖어
내 인생의 단맛을
시에 담아 본다

시詩 동산 텃밭

오늘도 시 동산
전경前景을 바라보며
시詩 한 수 읊노라

동양화 한 폭
그림같이 떠 있고
연초록의 적송나무 숲에는
새들의 공원으로 둥실 떠 있네

봄 나그네도
가을 나그네도
철새 나그네도 찾아들면

시詩 동산 창공에는
나그네 솜구름도
솔 향기도 가득 차오네

그야말로
하늘이 내려 준
값진 명품이라네

오늘도
전지가위를 벗 삼아
시詩 동산 텃밭을 가꾼다

시詩 동산 백년의 벗

시詩 동산에 들어서니
오늘따라
설레는 마음은
나도 모르게
습관적으로
마음에 고여 있는
십팔번하면
영산홍 노래 꽃이다
노래 꽃 콧노래가
흘러나온다

저마다 꽃들도
반겨주는 꽃동산
형제자매님과
꿈도 줍고
시도 줍고
희망도 줍는
낭만의 벗
백년의 벗
시詩 동산을 찾아간다

시詩 동산의 겨울

당곡에 올찬 갈참나무
사이사이 흰 눈 쌓이고

어둠자락에 웅크리고 앉아
속삭이는 낙엽들
내 속마음 아는지 모르는지
시詩 동산
겨울밤은 깊어만 간다

강 건너 소방서 길
불빛 토해내며
줄을 짓는 불빛 행렬
길 따라 구불구불 나래를 편다

진하게 배어나는 그리움도
어둠을 닮아가고

지붕 없는
하늘 창가에 홀로 앉아 있으면
달그림자가 밤을 토해낸다

그제서야
짙게 깔린 어둠을 헤치고
내 마음 추슬러 자리를 뜬다

시詩 동산의 이력서

천혜의 비경 속에
동양화 한 폭 그려져 있고

신화 속에 풍수 속에
아버님의 명패가
걸려 있는 포근한 산

오다가다 만난
시詩는 바람 타고
열매가 되어
시인의 마음을 포박한 동산

그 엄동설한에도
시인의 등덜미를
쬐어 주는
양지바른 산

오늘도
작은 미소로 옷깃 여미고

가신님의 계신 곳을
바라보고 있다

그 이름 시생詩生

시 동산 앞뜰에
눈꽃 설경이
겨울 자락을 잡아매고

입춘을 맞는 시 동산에는
눈 덮인 은빛 천지 속에서도
낭만의 꽃이 피네

꿈도 줍고 낭만도 줍고
희망도 주워
행복만을 먹고 사는
그 이름
시생詩生이라네

오늘도
한바탕 웃음과 행복 속에는
지울 수 없는 설경 속으로
황혼빛만 곱게 곱세
물들어가고 있네

*시생(詩生)_ 시를 배우는 생도.

하트가 무지개처럼

갈수록
한반도 소금강을 닮아가는
젊어지는 시 동산
늘 그 모습 마주하니
나도 젊어진다

거기에다
더 진한 빨간 하트가
더 크게 무지개처럼 자라나고
더 크게 사랑으로 쌓인다

진하고
더 큰
사랑의 하트가
생생하게
자라나고 있다

산고의 진통

아픔 없이
삶의 성공 없듯이

시 한 편
부하시키기에

산고의 진통도
이겨내고

눈앞에
아롱아롱 되더니

세상이 만물을
잉태하듯

한 편의 시상은
세상 밖으로 박차고 나와

찬란하게
비상을
준비하고 있네

만물상 비경

만물상 비경에
눈꺼풀 베이도록
물방울 떨어져 천만년
물기둥으로 남았네

허기진 배를
식당 바위에서 달래며
금강사
법당 안을 찾는다

금강사
추녀 석가래
곱디고운 빛깔에
내 눈길마저 빠져드니

금강사 추녀 끝 가녀린
새끼손가락 닮아
애달프기만 하다

어느 보살님의
지극정성이
소금강 손바닥을 펴
태 속을 찾아가듯
가신님은 극락으로
꽃구름 탄다네

천하를 올려놓고

시詩 동산에
천하天下를 올려놓고
세상世上을 내려다보니

멀리
소쩍새 우는 소리
절절이 흐르고

소담스런
도라지꽃은
애써 여름과 가을의
길목을 지키는데

멀리서
곤지암천을 타고 내려온
동남풍은
시詩 동산의 들창문을
살며시 두들겨 보고

내내 젊고 푸른 마음으로
내 사랑 가꾸니

무한한 행복을 느끼며
사는 인생길은
오직 직진뿐이네

웃음의 탈

그놈의 철면피 같은
허리통증과
끈질긴 인연을
끊지 못하고

찢어지는 아픔을
오늘도 다독인다

때로는 초점을 잃은
시선으로
먼 하늘을
바라만 보기도 하고

또 때로는 자신의
건강의 물음표로
의심도 하면서

오늘도 사나이 울지 못해
하얀 웃음의
탈을 쓴다

마음의 금강산

산이 좋아 물이 좋아
사람이 좋아
내 인생길 따라 흘러서
고향 지키다 보니
인생 칠십 고비를
훌쩍 넘겼다

명예도 친구도 떠난
갈증의 길목에서
옹달샘 쪽박 물에
희망을 건져 마신다

천혜의 조건 속에 계절의
색동옷을 갈아입으니
환상 속에 어우러져 또 다른
천국에서 고향을 보는 듯하다

오늘도 넋 잃은 장승처럼
시 동산이 아닌
내 작은
금강산을 지키고 있네

너른 고을이여 영원하라

너른 고을의 생명력은
역사의 숨결에서
문화의 꽃으로 불끈 솟아라
조선 왕실의 찬란한 문화의 꽃은
지구촌 곳곳에 펼쳐졌고

타오르는 젊은 열정은
밤하늘에 수를 놓았으니
춤을 추어라
목청을 높여라
마음을 열어라

가슴으로 만나고
가슴으로 노래하는
광주인의 기상과 혼이기에
온 마음 하나 되는
정열의 불꽃은
너른 골의 축제로다

아~ 하늘을 열고
땅이 감동하는
장엄한 공연 한마당
이 땅 위에 펼치니
아~ 광주인이여
문화시대를 열고

화합의 도시로
예술의 도시로
생명의 도시로
영원하라
너른 고을이여 영원하라

부산항

5월이 업고 온
짜릿한 바다
부듯가 내음에
흠뻑 젖고 나면

소스라치는 물보라는
안개 되어 피어오른다

부산 부두항에
몰려드는 좌판 위에는

오월의
갈매기 울음소리만이
희망이 가득 찬
오월의 바다가
떠 있다

박달재 사연

천등산 박달재
영마루 고갯길

경상 도령과
충청도 각시 금봉이와

알성급제謁聖及第한 후
언약키로 한 곳

멀고도 험해
울고 넘던 고갯길

그 속내
사연과 사연들이

오늘도 구성지게
노랫가락만이

애절하게
박달재를 달래주며
지켜주고 있다

영월의 혼

영월 땅 찾고 보니
어린 넋 잃은 가슴은
한 설인 만백성 한이 설이고

높은 용상 어디 두고
청령포가 웬 말인가
님 떠난 자리에는
단종의 넋이 절규한다

그날의 혼이
울다 지쳐 뒤틀린
관음송
맺힌 한 쌓이고 쌓여
겹겹이 산이 되고
눈물은 강물 되어
강둑을 넘었네

세월의 강은 넘고 넘어
단종의 넋 서린 청령포

찾는 이의 발걸음은
무겁기만 하다

나그네 눈시울엔
이슬비 되어 영월 땅을 적신다

낭만도 꿰매달고

아침을 먹고 집을 나서니
봄바람도 살랑살랑
앞뜰에 산수유 눈꺼풀 트고
절친한 개나리와 진달래도
앞서거니 뒤서거니 하더니
개나리 먼저
꽃망울 벙글며 앞장을 선다

시詩 동산 당곡唐谷 계곡에는
아직도
청송나무 흰 눈을 머리에 이고
아스라이 서 있는 모습
양순하고 착하게 보이네

남창에서 불어오는 봄바람에
온 대지가 눈을 뜨니
봄꽃들은 겨울 내내 지켜온 순결을 바친다

뜰 아래 있는 목련꽃도
춘향이를 시샘하듯 꽃단장을 하고

한 점 두 점 구름 되어
하늘 높이 떠 있네
노랑나비 호랑나비 춤을 추며 날 때면
진달래 유혹하는 계절도 오나니
시도 꿰매달고
낭만도 꿰매달고 봄도 꿰매달아
빈 술잔에 담아서 마신다면
얼마나 빙글빙글 도는 세상일까
궁금 또 궁금

아차, 내 인생도 깨고 보니
속도보다 빠르게 갔네
빠르게도 가고 있었네

* 당곡 계곡_ 지역 산 계곡 명칭.

개 팔자 상팔자

그 이름 '사랑'이라네
두 마리 한 쌍 속잎처럼
품에 감싸 안긴 사랑이

머리에 핑크색
꽃핀을 꽂은 사랑에게
"소대변 아무 데나
실례하면 안 돼요" 하니
'사랑'이는 알아듣는 듯
다소곳이 엎드려
고개를 떨군다

박하꽃 향수로
얼굴을 세수시키고

구름 속 침실까지 갖췄으니

야생 본능의 족보를 떠난 지
이미 오랜 것 같다

거리의 노숙인보다
다리 밑 유기 노인보다
'사랑'이의 개 상팔자가
얼마나 부럽기만 하겠네

애창곡愛唱曲

지난 추억을 간직한 채로
짙어가는 가을에
깊은 시상에 잠겨본다

여기에
쓸쓸히 표정 짓는
시 공원 꽃밭에는
새들이 울면
야생화는 피고지고

우리 인생도
사계의 계절이란
운명 앞에서

사계四季의
인생의 연을
하늘 높이 띄워 본다

오늘도
커피잔에 추억을 담아
마시고 나니

황혼 인생
머물 곳이 어데 메뇨
뽀얗게 떠오르는
그리운 얼굴들 생각하며

'보약 같은 친구'

애창곡을
조용히 불러 본다

닭띠해도 노을 지고

닭장에서 놀던
닭띠해도

그 어느 순간
둥지에서

곤두박질 떨어져
산산이 조각나더니

하나 둘 11월 12월
사라져가고 있네

동지섣달
마지막 달도

서산의
노을 타고 앉아

닭띠 한해도
가는 세월에게

작별인사 손짓하고
또
떠밀려 가고 있네
떠밀려
가고 있네

가족이라는 울타리

닭띠 해를
맞이하는
오붓한 첫날 아침
세상은 온통
은빛 천지네

어머니는 가족의
무병의
삶을 빌고
소박한 소망을 빈다

풍요로운
가족에 울타리란
보물을
행복의 저울추에
가만히 얹어 본다
가족이란
울타리를……

3부

낙엽을 쓸고 시도 줍고

황공하게도 소인배에게
어느 눈먼 시인이
날개를 달아 주웠던가
시상(詩想)을 한 몸에 품었던 나

잘 쓰고 못 쓰고
명인 명작도 아닌 나
시창(詩窓)을 내다 보기도 했고
시상 밖을 나와 보기도 했다

밤 내음

달빛 한 자락
포근히 깔아 주는
초저녁

추억 하나 꺼내 들고
퍼즐처럼 맞추어 보지만

조각난
그리움은
짜 맞추지 못한 채

깊어가는 밤
밤 내음만
내내 마신다

콧노래만

태화산 얼음골에
봄이 내리면
버들가지
눈 트는 소리에

놀랜 개구리도
잠에서 깨어
기지개 켜고

한낮의 햇살은
꽃망울을 연다

봄 처녀 아롱아롱
가슴 설레고
봄 바구니엔
봄 치녀
콧노래만
가득 차 넘친다

사랑의 열매

각박한 삶에도
짐을 받아주는
아름다운 착한 마음씨

새벽녘
땀 흘리는
미화원의 골목길 사랑

할머니
무릎 두드리는 고사리손
세상사
따뜻하게 익어가는
사랑의 열매

종종걸음

긴 겨울 접어놓고
입춘 하루를 펼치니

겨울은
봄 앓이를 하며
발버둥 친다

봄을 품고
토해내는
현란한
산수화

입춘을 맞는
향기로운
버들가지도

유연한
몸짓으로
한들한들

겨울 틈새를 비비고
종종걸음으로
봄을 맞이하고 있다

오월의 바다

5월이 업고 온
짜릿한 바다
부둣가 내음에
흠뻑 젖고 나면

소스라치는 물보라는
안개 되어 피어오르고

부산 부두 항에
몰려오는 좌판 위에는

5월의
갈매기 울음소리만이
희망에 가득 찬

5월의 바다가
떠 있다

새벽 외출

어둠이 키운
새벽 찬바람

코끝에 부딪쳐
얼얼한 숨이 된다

빨간 귓불
어루만지며

새벽빛
사이를 걷는다

아침이 오는 소리
가슴으로 들으며

하루를 맞는다

초승달

초승달은 엉거주춤
산허리 걸터앉아

노을빛 놓칠까
덜미를 잡고 있다

강둑 어귀
고요한 외딴 집에는

소리 없이 어둠은
숨통을 조인다

지그시 눈 감으면
고향의 그리운
모닥불의 얼굴들

초승달 아래서
하나 둘씩 떠 오르네

어이할꼬

개나리 진달래 처녀 총각
마음도 주고
사랑도 주고

어느새
내 가슴 깊숙이 들어와
사랑의 집도 지었네

어이할꼬 어이할꼬
매몰차게 잡혀 묶였네

얼레이 껄레이

각시와 신랑
시집 장가 간다네

가랑잎

쌍바라지
창문 앞에

토르락
토르락

빗물과
떨어지는 낙엽들이

빗물 져 토르락 토르락
떠내려간다

저희끼리
팔장 끼고
숨죽이며

쓸쓸하게
빗속에 숨어 울며
울며 가는구나

* 쌍바라지_ 겹창문

커피 속 단풍

풍성한 하늘가
소슬바람에
온종일 낙엽 떨어져 쌓이고

떨어지는 낙엽도
미운 일곱 살에게도
발길에 차이고 차여 서러워하네

해지도록
낙엽만 깔고 앉아
가을이 들어있는
커피 한 잔을 마시고 나니
소매 끝 사이로
지난 계절은
슬금슬금 흘러간다

휑한
내 마음도 풍선 되어
가을 하늘에 떠 있고
얼굴 내민 민들레 홀씨도
날갯짓으로
하늘 높이 떠간다

고드름

매서운 새벽 찬바람에
양 볼이
빨갛게 꽁꽁 얼어붙더니

콧물도
거꾸로 매달려
고드름이 된다

이 순간 내어 뿜는 입김까지
무서리로 흩어지니

내 마음 뼛속까지
얼어붙는 심정
엄동설한
강추위 속에

물방앗간 외딴집은
눈 속에 묻혀있네

눈꽃 송이

함박눈이
소복소복
축복처럼 쌓이는 아침
헐벗은 가지에
두텁게 눈 솜옷을 입힌다

함박꽃 곱게 핀 눈꽃 송이
포근한 미소 속에서

오늘 한낮에도
눈꽃으로 온 세상을 밝히니
시 동산 앞뜰에 나서서
포근한 함박눈을
온몸으로 맞아본다

길벗

봄볕은 춤을 추고
봄날은 가지를 치던 날

봄볕을 받아먹고
꽃밭에 꽃망울 벙그니

들꽃은
길벗으로 태어나
길동무 벗을 삼네

봄볕은
파릇파릇 잎눈을 뜨고
봄 아지랑이 잡고
춤을 추며
내려앉는다

봄날은
따사한 햇살 받아먹고
봄꽃 순결을 바치는
새 봄날에도

여울져 가는
황혼의 세월은
물살처럼 마구 흘러만 가네

술잔에 사랑이 고였네

향기로운 봄날
다정히 다가오고
스쳐가는 음악 소리는
누군가에 추억이 되고
나에게는 포근한 위안이 된다

시 동산에 꽃이 피면
고향에 흙냄새가 익어 가고
추억의 술잔을 마시고 나면
술잔 안에 추억이 고였네

어느덧
덧없는 세월 속에 남은 것은
이마에는 주름뿐

그러나 뽀송뽀송하게
숙성된 사랑에다
행복을 엮어 가련다

이 빠진 화분

추녀 밑에 뎅그마한
옹기 화분 하나
지난봄 개구쟁이 장난끼에
한쪽 살점이 떨어진 채
그리 그리 살다가

채송화 두 포기 만나
간신히 싹 틔우고

따사로운 햇살을
오물오물 받아먹더니

꽃망울 톡톡 터뜨리며
눈앞에 살랑이는
나비 꿀벌을 부른다

채송화 여름 햇살도
한여름 뜨겁게 맞이하니
이 빠진 옹기 화분도
한 몫 제구실을
톡톡히 하고 있네

꽃향기와 입맞춤

산새들도 설레는 시 동산
꽃망울 아롱이는 뒷동산 자락에
향긋한 반가움에 꽃피네
내가 등을 돌리면
꽃동산이 울고
꽃동산이 등을 돌리면 내가 운다

살랑살랑 봄바람 부니
하늘의 꽃구름도 바람에 한들한들
꽃향기와 입맞춤하는
4월에 계절

나도 너도
착각 속에 푸른 하늘을
찌르는 젊은 꿈은
아직도 두둥실 떠 있다

그러나
시 동산 외면하고
등을 돌리려는
내 황혼빛 인생이여

시대 공간을 뛰어넘어
노년 인생에 꿈을 키우며
노년의 꽃을 피우자

봄 향기에 취해

자연과 소통하는 시학의 공간에는
아침 이슬의 꽃 잔디가
봄 물결치고
새들도 지지배배 봄을 부른다

시詩 동산에
봄 아지랑이 불타오르면
야호 하는 시생詩生의 산울림에도
겨울 끝자락이 잘라지고
겨울 내내 쌓였던 찬서리도
봄바람에 놀래 눈물 흘린다

봄의 여신이여 강남 제비는
몇 밤이면 오려나
기다리면 오려나
계절 왕 가라사대
서두르지 말라 하고
세상만사 때가 되면 돌아오는 법
괴로움도 고달픔도
밝아오는

새해 봄 빈 술잔에 타서 마시면
희망도 미래도 둥실 떠온다

오늘도
봄 아지랑이 나래 위에
봄 향에 취해 있노라면
뒷동산 매화 꽃망울도
몽실몽실 남쪽의 창을 연다

바보 같은 이 시생詩生도
겨우내 쌓였던 푸념을 하고 나니
무겁던 발걸음도
사뿐사뿐 가볍네

흘린 밥풀

밤하늘에 떠 있는 별보다
손주 놈
흘린 밥풀이 더 많아

흘린 밥풀 주워
되먹이는 할머니의
저녁상은 넉넉하다

외할아버지 머리 위에
베짱이 앉아 울고
모깃불 피운 앞마당
멍석 깔고 둘러앉아 있노라면

손주 녀석
흥얼흥얼 할머니 자장가에
무릎 위에 잠이 들면
북두칠성도 가물가물
졸고 있는데

맥 빠진 벽시계는
결삭은 소리로
여름밤을
시시각각으로 밀어내고 있네

뻥튀기 한마당

높은 가을 하늘 아래
뻥 소리도 당당한
키 작은 뻥튀기 아저씨
깜짝 놀래는 길손도
뻥씨 아저씨의
구수한 너털웃음에서
아예 귀를 막고 숨을 죽인다

고추잠자리가
어깨 위에서 춤을 추고
뭉게구름도
가을 하늘에서 춤을 추니
들녘의 황금 이삭은
겸손하게 고개 숙여 인사를 한다

뻥이요 외침에
귀 막고 달아나는
개구쟁이 악동들

하얀 연기 속 요술처럼
쏟아지는 뻥튀기 한 자루
또 한 자루

뻥튀기 아저씨
검게 그을린
건강한 웃음꽃
부푼 강냉이처럼
눈 앞 뜰에는
가을도 익어만 간다

4월의 영산홍

먼동이 트고
꽃눈이 트면
나만의 짝사랑 시詩가 있다

갈수록
또 하나의 진한 짝사랑은
영산홍 꽃밭이다

볼 때마다
내 맘 다독여 희망이 큰다

4월의
영산홍 꽃망울 터지니

4월의
불타는 시 동산
시 한 편의 시상을 던져주니
주옥같은
시상詩想을 풀어 가리라

주홍색 빛깔에 용광로처럼
불타는 불꽃을 보고

스마트폰 터지는 소리에
감탄 또 감탄

삼복三伏의 알몸

내 집 앞에 여름 뜨락에도
성큼성큼 다가선 삼복더위
앞산 얼음골마저 삼키고

한 치의 보장 없는
다가오는
삶이라 하지만
이웃들의 몽글몽글한
연민의 정은
더더욱 쌓여만 간다

구름 망사 사이로
알몸의 삼복더위는
연인의 숨결같이
뜨겁게 피어오르고

천둥소리 끝나기도 전에
한 줄기 소나기는
어느새
성황당 고갯길을
넘어가고 있네

텃새의 상팔자

너도나도
밤나무 끝자락
둥지를 틀어놓은 텃새

옥탑방이라서
월세금 없이 사니 좋고

육지의 천적 무리가 없으니
안심하고 사니 좋고

사방 햇빛이 잘 들어
따뜻해서 좋고

저
하늘보다 높으니

바라보는
전망이 또한 좋더라 하네

도라지꽃

밤새 못다 나눈 사연 안고
살며시 앞마당에
내려온 별

열여덟 살 타는 가슴처럼
설레임이 흐르고

밤이 되면 다시 저마다
하늘로 오를 꿈에
설레는 도라지꽃

산들산들 불어오는
실바람은
도라지꽃 볼을
간지럽히니

피어오르는
그의 미소가
잔잔한 내 마음을
사로잡는다

시향에 젖어

천 리 밖 시詩상想을 줍고
만 리 밖 시詩심心 캐어
긁어모은 이삭으로

한 구절 두 구절
한 바구니 가득 채워지면

연필 허리 잡고
씨줄 날줄 한 올 한 올
올올이 엮어 놓으면

어느새
시詩 한 편이

내 가슴을
촉촉이 적셔 준다

낙엽을 쓸고 시도 줍고

황공하게도 소인배에게
어느 눈먼 시인이
날개를 달아 주웠던가
시상詩想을 한 몸에 품었던 나

잘 쓰고 못 쓰고
명인 명작도 아닌 나
시창詩窓을 내다 보기도 했고
시상 밖을 나와 보기도 했다

낙엽을 쓸고 시도 줍고
웃음도
희망도
행복도 심었지

앞창을 열고 보시라
천혜의 신선함을
한 아름 듬뿍 안으니

금의환향한
선비의 행복한 기분일세

어찌 아니 좋으랴

부활의 꿈

봄바람이
살랑살랑
춤을 추면

산천초목도 부활의
꿈으로 일렁이며 춤을 춘다

밤이면
별들이
시詩 동산에 내려와

황홀한 시 한 편 던져주면
명작 아닌
명작이 싹이 트고
봉긋봉긋
삼라만상森羅萬象은
시 동산에 다시 피어나고
다시 태어난다

* 삼라만상(森羅萬象)_우주 안에 있는 온갖 사물과 현상.

옹달샘

한 세상 태어나
여행을 하고 보니
남은 여정旅程은
낯설기만 하다
어딘가에 있을 법한
희망 속에 오늘도
쉼터 찾는 길손이 된다

나는 알고 있다
이제 남은 여정은 짧다는 것을
그러나 여행 중
바닷물을 다 마시고도
갈증이 온다고 해도

남은 내 몫만큼
천년의 옹달샘이
나를 기다려주기에
나만의 오아시스
샘물에다 희망을 건다

잡히지 않는 시간

구름을 이고 앉은
침묵하는 무갑산
흐르는 세월의 강도
조각배인 양
하염없이
흘러가고

한 잎 떠 있는 희망도
잡힐 듯 잡힐 듯
잡히지 않는
가는 시간에
빈 가슴으로
떠 있는 하늘만을 안아본다

어느새
소설小雪 절기를 앞둔
매서운 찬바람이
옷깃을 여며 주니

콧노래 장단 맞추어
오늘 하루도 즐거움으로
잠재운다

떠나는 초생달

새벽이 열리는 소리에
초생달은 작은 별빛 되어
떠날 차비를 하고
교회 종소리는
새벽을 깨며
메아리로 뻗어간다

어둠을 살라먹고
떠나는 초생달
가신 님 따라가는
혼백이어라

하늘과 땅 사이
파랗게 뚫린 허공 사이로
피어오르는 태양은
금빛 침묵으로 찬란하다

모든 생명들의 숨결과
날개 펴는 소리에
초생달 저만치
손사래 친다

사랑의 꽃

시詩 동산 앞뜰에
동양화 한 폭 그려졌고

정이품 못 미치는
청송나무 숲에는

명인들의 시비詩碑가 서 있고
겸허히
나의 시詩도 어울렸네

여기에
패랭이꽃 심었으니

내년 봄에는
해맞이 꽃을 심을까
달맞이꽃을 심을까

차라리
사랑의 꽃을 심어

꽃 한 송이는
어머님 시비 앞에 바치고

남은 한 송이는
아내 몫으로 남겨 둬야지

세상 사는 맛

푹푹 찌던 삼복더위도
지긋이 눈을 감고
심술 궂은 태풍 마저도
꼬리를 내리니

으름장 놓던
천둥 번개 불청객도
어느새 산을 넘어갔네

저 푸른 하늘엔
솜구름 서둘러 흘러가고
원두막 아지매 인심은
하늘처럼 넉넉하다

삼복을 밟고 넘어온
말띠 매미의 풍년가에
막걸리 한 사발로
목을 축이고 나면

벼 익는 소리에
희망을 만나니
세상 사는 맛
원두막에서 찾네

저녁밥 짓는 소리

하루 햇살 털어 버리고
붉은 노을빛이 수를 놓으면
성큼 어둠이 찾아 든다

경운기 뒤따라오는
누렁이 발걸음 무겁지만
내 발길은 가볍기만 하네

내 기력을 훔쳐간 세월을
산 넘어 보내고
둥지 찾아 돌아오는
내 모습이야
오늘도 변함없네

흰 수건 두른
아내의 부지깽이 끝엔
호다닥 호다닥 불꽃이 튀고
토각 토각
경쾌한 저녁 하모니는
보글보글 청국장 짙은 향도 따라온다

감각을 깨는 시장기는
꼴깍 군침이 돌면서
만찬의 저녁상은 꽃이 핀다

장독대

바라지 열고 내다 본
옹기종기 장독대

안개처럼 피어오르는
살풋 한 그리운 향에

감나무 그늘 밑에
얼굴을 묻던 그 시절

어머니의 염원 담은
간장 종지 안은

어느새
높은 하늘이
풍덩 빠져 있었지

* 바라지_ 작은 창.

4부

심장의 울림

하늘을 오려 접고
바다를 그려 접어
천학을 접는다 해도

마음속에 새겨진
내 고향 지울 수 없어라

어머니의 하늘

죽은 들 잊힐까
푸르고 젊은 고향

하늘을 오려 접고
바다를 그려 접어
천학을 접는다 해도

마음속에 새겨진
내 고향 지울 수 없어라

길 잃은 이방인 되어
텅 빈 허공을 안고

추녀 밑 마당에서
멍석 깔고 누워

어머니 고향
하늘만 바라본다

꿈같은 세월

내 인생의
꿈을 이루었던
시 동산 공원 앞에서

내 희망과 내 행복을
씨 뿌려 가꾸어 왔네

축복의 땅 용수리에서
꿀맛 같은 내 인생
내 모든 걸 이루었다면

이제는 후세에게
두 손 모아 빌어 줘야지

그 옛날 그 추억
생각해 보면
아름다운 그 추억
잊을 수 없네

얄궂은 운명

옛집
민들레 피는 뜰 안에
구성진
옛 노래만 들려오니
가는 세월을 한 자락 잡고서
매달리는 심정은
얼어붙은 가슴에
모닥불
피우는 심정이네

홀로 새기는 긴 밤이여
아픔을 같이하면 행복도 함께 태어나리니
웃는 꽃 우는 새들의
얄궂은 운명의 날에도
눈길 가는 곳마다
꽃향기 솔향기
자르르 흐르네

얄궂은 화사한 봄날에도
둘이 함께 가는 길은
가쁜 숨 몰아쉬어도
행복만 넘칠 뿐이다

아내의 불심

아침 창살로
와르르 쏟아지는 햇살 아래

아내가 보내는
엷은 미소는

가슴 속 파고들어
속사랑으로 고인다

부처님의
가슴 속 같은 인연으로

내 사랑
행복도 잡아매어 주고

숨 가쁜 백팔 번 배례는
산을 넘고 강둑을
넘쳐 흐른다

아내의 염불 소리는

극락세계로 천국세계로
훨훨 날아오르네

철없는 세월

동녘 저편의
해가 뜨면
오늘의 삶에
하루가
시작된다

세월이
오고 가는 길목에서
사랑한단
말 한마디 못하고
용기 없는
바보 같은 사나이

활짝 한 번
말문 열면 될 것을
그 알량한 자존심
묻지도 말고
따지지도 말아라

철없는 세월을
한 잔 술에 추억을 담고

두 잔 술에 하늘을 담고
석 잔 술에 내 사랑
가득 담아

그대에게
등기로 보내리라

행복의 무게를

백마산 등산길
능선 타고 오르니

가쁜 숨 고르고
산자락 능선 베고 눕는다

한 능선 한 능선
넘을 때마다
기쁨은 뽀얗게 피어나고

짙은 안개도 애인같이
내 몸 휘감아 맴돈다

보온병 커피 한 잔의 나눔은
동행들의 정이 넘치고

비타민 같은 담소를
한 아름 안고 보니

벗어 던진 배낭 속에는
행복의 공기만 가득하네

젊은 날의 추억

파도가 범람하는
은빛 모래 언덕
쉼 없이 그렸다 지워지는
포물선 위에
내 마음도 띄웠다

경포가 펼치고
백사장이 낳은
젊은 날의 추억은
산산이 부서져 조각나면

왠지 밀려오는 파도 소리가
애달기만 하네

갈매기 그리는
외로운 바위섬 하나가
내 마음을 살포시 잡아주니
하나둘 지워져 간 추억들이
아련히 다시 피어오른다

짙게 깔려오는 어둠을 만나
추억 하나가
서로 숨바꼭질하다가
영영 숨어 버렸네

때로는 깃털처럼

오늘따라
긴 추억을 읽노라면
아직도
불꽃처럼 타오르는
황소고집 부리는
바보 같은 남자일세

탐심貪心도
사심私心도
내려놓으라는 부처님의 말씀

때로는 깃털처럼
때로는 먼지처럼
살면서
만고풍상 비바람에도
가는 세월 한 자락 매달려
고향 하늘을 바라보며
두둥실 살아가려네

남대천 연어 미물도
제가 태어난 곳에
머리를 두고
죽는 것처럼
고향을 지키며 사는 인생
영원히 더 없는 행복이라오

* 만고풍상(萬古風霜)_ 사는 동안 겪는 많은 고생.

벚꽃 떨어지며

봄날의 입김 모아
훈풍을 만들고

아카시아 향기
꽃구름 되어
하늘을 덮는다

늦잠 자던 청개구리
놀래 눈꺼풀 비비면

봄은 송두리째
온몸으로 파고든다

호랑나비 날개 접고
봄 자락에 매달려
단잠을 청하는데

봄바람에
벚꽃 떨어지는
비명 소리에
초여름을 깨운다

억새꽃

가을이면
세월 속에 묻혀 있는
추억을 캔다

용수천에
황금빛 일렁이는
억새꽃 물결은

내일의 희망을
빚어 준
황금벌의 주인공
희망의 주인공

마주보고 살아온
그대에게

사랑의
황금빛 목걸이를
만들어 보련다

황금빛 꽃목걸이를……

가을 길을 산책하고

투명한 이른 아침
늦여름에 발목을 잡고
그렇게 몸부림치고
심술부리던 태풍 형제도
다행히
작별 인사로 끝을 낸다
시詩 동산 앞뜰에
태풍을 이겨낸
소나무 청청

푸른
내 마음도 청청
가을의 정취를 흠뻑
느낄 수 있는
소설小雪 절기節氣에

햇볕이 쏟아지는
오솔길 걷고 있노라면
금방이라도 묻어날 듯한
붉은 단풍잎들이 덩달아

시詩 동산에서 내려와
나와 함께
산책하고 있다

가을의 길목에서

여름을 훔치는 자
그 누구던가
가을은 아니라고 능청을 떤다

사시사철에도
굽히지 않는 홍백 청송은
간밤에 부푼 꿈 깨랴마는

올 가을도
푸른 절개의 약속을 지켜가고 있다

벌거벗은
파수꾼 장승도
가을의 길목에서 추억을 토해내며

지난 세월을 품고
묵묵히 시 동산을 지키고 있네

세월에 기대여

봄바람에 떠 있는
삶의 자락에
다시 내 삶에 활기를 찾지만
그리워하는 길목에서는
달콤한 사연들이 몰려오고

잡아도 잡을 수 없는 무정한 세월
수많은 추억들이
쌓이고 쌓여

더 이상 참을 수 없는 사나이도 울고 싶네

벚꽃 한 잎 두 잎 바람에 날려 물 위로 떠가니
내 황혼빛도
둥실 떠가는 듯
가는 세월에 기대어
손 흔들어 본다

내 자신에 새로운
해맑은 미소가
신비롭기만 하구나

구름 같은 인생사人生史

삶을 찾아 떠가는
구름 같은 인생사

앞서거니 뒤서거니
엇갈려 흘러간다

지난 내 삶도 저와 같이
다투며 살아온 시름인 것을

그 시름 달래기에
기울이는 술잔에 시름을 채우고
석양빛에 넘겨 보내면

날아가는 기러기도
울며불며

앞다투며 둥지 찾아
서쪽으로, 서쪽으로

노을 속으로
멀어져만 가고 있네

남은 여정

한 세상 태어난 인생길
여행을 하고 보니

남은 여정旅程은
낯설기만 하다

어딘가에 있을 법한
행복의 길
오늘도 희망 속에
쉼터 찾는 길손이 된다

나는 알고 있다
이제 남은 여정은 짧다는 것을

그러나
바닷물을 다 마시고도
갈증이 온다고 해도
천년의 옹달샘이
나를 기다려 주기에

나만의 오아시스
샘물의 희망을 건다

남은 여정旅程을

건강의 탈출구

인생은 왕복 차표를
발행하지 않는다 했다
이내 청춘 불러도 대답 없네

마법의 술독에서
바가지 술을 퍼먹던 그 시절도
아련히 떠가고

언제부턴가
한 박자 쉬어가는 나그네더냐
조심조심 외줄 타는
놓칠 수 없는 생명의 끈
한 치 앞을 모르는
외줄일세

그 외줄 마저도
저 세월에 떠밀리는
빛바랜 나그네

오늘도
건강의 탈출구를 찾아 헤맨다

탈출구 없는 인생

오늘도 살포시
가는 내 인생의
세월을
살포시 열어 본다

무정세월은
이마의 줄음 띠를
겹겹이 휘어감은 채
황혼의 문턱으로
내밀고 있는데

한 템포 쉬어 가자니
얼마 남지 않은 인생
시간 낭비라고 하고
이래도 저래도 못하니

남은 인생
파이팅 큰소리치며

탈출구 없는
인생의 시련을
즐겁게 맞이할 수밖에 없네

보약 같은 친구

아침 동녘에 해가 뜨면
옛 고향은 하루하루
아파트 숲으로
깊어만 가니
옛 고향의 설움도
깊어만 가는 구나

착한 계절
따스한 산장의 품에서
따뜻한 마음은
그리운 정으로부터
그리운 마음으로
차곡차곡
시詩 동산
산장에 쌓였다네

이 가슴에 촉촉이
쌓이는 시 한 수가
고단했던 삶을
건강하게 치유하는
시간이 되기도 했지

짧고도 긴
병영생활은
우리 두 사람의
운명적 만남의
친구가 아닌가

희망과
의리의 친구여
그립고 그립구나

오늘도
보약 같은
우정의 친구만을
바라보면서

내일의 희망과
오늘의 행복을 위해
웃음 찾아
살아가고 있다네

내 인생 도박 당하고

해맑은 가을 하늘가
티 하나가 있다면
가는 세월에게
내 인생 도박 당하는 것

쫒기는 가을도 힘겨운지
겨울 동장군에게
손발을 다 내주고 있다

가을은 삶의 완성본
넉넉한 황금벌에
오곡이 넘치고
가을은
다시 낙엽 되어 묻힌다

시시각각으로
묻혀가는 가을이 아쉬운지
소쩍새 울음소리가
더욱 처량하게 들려오고

내 몸뚱이도
하루 종일 뒹굴다 보니
저녁나절이면
몸도 마음도 천근만근
온몸은
겹겹이 피로가 쌓여만 가네

너털웃음만

바람 따라
세월 따라

인생길 따라

인생 고도를 넘어 넘어
제2의
인생역에서

한숨 돌리고 나니

아련히
떠오르는 것은

여덟 팔자 숫자만
어른거릴 뿐

이것도
저것도 없이
이제 남은 것은

여덟 팔자와
너털웃음만

허무하게 남아 있네
쓸쓸히 남아 있네

곰삭은 인생

선달 그믐 날
번개처럼 가버린 날들
돌아보면
꿈틀대는 내 청춘도
훌쩍 뛰어넘고 보니
곰삭은 기억들만 토해내는구나

늙었다고 내색할 수 없는
시대의 애물단지
제풀에 지쳐가는 고달픈
신세더냐

그렇게 허리통 무릎통
궁시렁궁시렁이더니
요란스런 눈보라가
안방마님 무릎마디
통증에 눈물겨워라

그렇게 익숙한 행복도 멈칫멈칫
기약도 없는 손주 녀석들

기다림에 긴 기린목이 되어
오늘도 뒤퉁뒤퉁
할매방 찾아

이런저런
이야기꽃으로 달래네

용수리 콩밭에서

오늘따라 유난히도
농협 마크가 반짝인다

앞마당 귀퉁이에는
부귀를 꿈꾸는
적송나무 너덧 그루 서성대고

농심의 지주 원로 청년부
영농의 횃불이자 등대지기다

주름살 가득해도
청춘은 끝나지 않은
원로청년부

원로 어깨 위에 개미 날개 달아
농심을 심으니

콩잎의 이슬방울은
원로의 땀방울인지
간밤의 빗물인지

어느덧
땀방울 영그는
콩밭 머리엔

산비둘기 고개 들어

기웃기웃
속일 수 없는 나이는
또 한자락 다가와도

농심의 초심은 불변하리

농심도 황혼의 길목에서
쫓기고 쫓기는
인생 제2막의 주인공일세

2층가에서 흘러나오는
낯익은 풍년가는
원로의 웃음꽃 활짝 피고

지도자의 농심 철학에서도

새콤달콤 알뜰한 농협살림은
더욱 튼튼하게 살찌리
살찌워가리

농심의 횃불에서
용수리 콩밭에서

세월을 보내는 무갑산

세월을 보내는 저 무갑산
시詩 동산에 있는
시 한 편을 세월에 담아가고
그렇게도 덧없이 가는 세월을
두 손 벌려 막아봐도
요리조리 빠져나가는 세월이
밉기만 하네

그래도 뭐니뭐니 해도
늘그막 존재를 받아 주는 곳은
시詩 동산일 뿐

비록 생존의 끈을 잡는
삶이라 할지라도 어느 잡초와 같이
밟히고 뽑힌들 어떠랴
비록 잡초일망정
나에게는
봄의 새싹처럼 자유로운
내일의 삶이 있으니까
행복할 뿐이지

고개 숙인 무갑산

천지의
채색을 허락하지 않는
함박눈이 있는가 하면

세상을 외면하고
침묵하며
고개 숙인 무갑산을
백마산은 흔들어 깨운다

말이 없이 내리는
함박눈은
대지 위에
모든 허물을 덮어 주고

다람쥐 오솔길도
사이사이 눈꽃으로 덮어 주고도

내 마음속 깊은 곳까지
나풀나풀 내리며 덮어주네

외로운 암자

무갑산 산 허리의
흰 안개 띠는

무갑사 공양미 짓는
새벽 연기인가

호다닥 호다닥
낙엽 타는 소리에
경내가 요란하다

살포시 숲 사이로
내민 햇살은

백마산 중턱에
빛을 토해내고

아침 풍경소리 따라
무갑산 중턱에 있는
암자 찾으니

스님은 어디 가고

부처님의
무거운 침묵만이
대웅전 경내를
외롭게 지키고 있네

칠보산

칠보산
짙은 안개
온 천지를 감싸고

바위 틈새
솟는 샘물
차기만 하다

칠보산 등산길
붉은 행렬이
칠보산을
뒤덮고 나면

장삼 입은
칠보사 노승은

안개구름 속에
관세음 머리에 이고

세상을 품어 안고
서 있네

시詩 한 편의 행복

석 달 열흘
내 마음
다 녹여 놓고

한 올 한 올
정성 모아
베를 짜듯

한 줄 쓰고
두 번 읽고
세 번을 가다 듬는다

아픔을 부수어
시詩 한 편을
잉태할 때

가슴 속에
돋는 나만의 행복
촉촉이 눈가를 적신다

시詩 한 바구니

한로寒露와 상강霜降
계절季節의 절기節氣는
밤이슬 맞고 사뿐히 내려와

입동立冬과
소설小雪에게
가을은 독서의 계절이라고
시詩 제목을 달아준다

신神이 내린 문장
하나하나와

이것 저것 튀어나온
수다 덩이와
애써 토해낸 시어詩語들을

모아 모아 엮은
한 편의 시詩는
여인네 엉덩이 내밀 듯

시詩 한 바구니 가득
시 동산의
깃발을 꽂는다

* 한로(寒露) 상강(霜降) 입동(立冬) 소설(小雪) 대설(大雪)_ 계절 순서

-오영희 한지 공예 작품

시詩는 인생의 유산균

거대한 디지털문명
물결에 밀려 문학은
거리에서 방황하고 있다
성균관 유생과도 같은
화려했던 문인 제일주의던
과거의 운명은 바뀠다 해도
시詩와 문학은 인생의 유산균이다
유생은 시를 안고 꿈을 안고
되돌아온다는 점에서

문학도 입맛으로 독자를
사로잡듯이
후학도 들은 프로젝트개발의
중요한 몫이요 과제다
독자가 행복을 먹고
행복을 읽는다고 해야 할 것이다

그러나 걸머진 세월에
무게의 허리는 휘어버린 채

애잔하게 희망의 메시지를
찾고 기다려 본다

시 동산 시비 앞 천하장승도
시종일관 시인을 환영하듯
익살스레 하늘 보고 웃고 있다

그대로 시 한 편

시 동산
시비를 돌아, 돌아
발길 따라 오르니

어디선가
솔 향기 속에
노래 소리도 바람 소리도
숨 가쁘게 따라오네

풀 한 폭이
돌 하나
벌레 소리 새 소리

그 모두가
시 한 편인 것을……

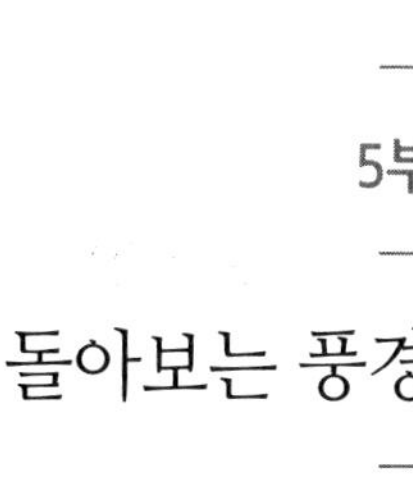

5부

돌아보는 풍경

소중했던 봄의
아름다운 날들이
내 마음속 고동을 치고
허리 굽어 가는 인생의 등도
활짝 펴 웃게 하니
때를 만난 듯
때 묻은 손등에 입맞춤한다

축복의 땅

당곡 바위 호숫가
새벽안개 흩어지면
물 위엔 또 하나의 세상

어둠을 밀어낸 자리에는
하늘과 물과 나무 그리고
세상이 하나 되어
천상의 그림을 그린다

잠길 듯한 버드나무 가지
흔들흔들 음표 되고
축복의 땅이 되어
행운을 노래한다

차 한 잔에
미소 속에 꽃을 피우고
바위섬을 바라보며
나만의
행복한 꿈을 키운다

행복한 삶의 무게

붉게 타오르는 아침
미세 구름을 초승달에 걸어 놓고
달콤한 촉감을 느끼며
4월에 꽃향기를
푸짐하게 끌어안는다

지그시 청솔나무 향도
품어 안으면
아침 이슬에 젖은
단풍 잎도 고개를 든다

소중했던 봄의
아름다운 날들이
내 마음속 고동을 치고
허리 굽어 가는 인생의 등도
활짝 펴 웃게 하니
때를 만난 듯
때 묻은 손등에 입맞춤한다

오늘도 행복한 삶의 무게를
거울 속에서
꺼내어 달아본다

얼어붙은 침묵

아리도록
매서운 바람 부는 날

조롱새
고고히 외발로 서서

얼어붙은 침묵을
한 타래씩
한 타래씩 풀어 가며

꽃샘추위 속에서도

흰 깃털
포르르 날리며

깨금발로 서 있네

갈채의 동인

남산의 시詩 향이
갈채를 부르고

갈채 시 울림은
송이송이 구름 되어
남산 위에 떴다

남산에 매달린
간새 바람이
시인의 바지 자락을 잡고
몸부림친다

시詩 사랑이란
목숨보다 강하던가
하루살이보다 약하던가

갈채의
송골송골 묻어나는 시향을
서울 남산 길에 묻이 놓고서

갈채 동인들과
남산 나들이를 접고
귀향길에 오른다

꽃잎 비명

봄날의 입김 모아
훈풍을 만들면
아카시아 꽃향기는
저 푸른 하늘 위에
꽃구름이 되고

늦잠 자던
청개구리 잠 깨어
눈꺼풀 비비니
봄은 송두리째
온몸을 파고든다

호랑나비 날개 접고
봄 자락에 매달려
단잠을 청하는데

동남풍 나부끼는
봄바람에
자지러지게 떨어지는
벚꽃잎 비명에
선불리 여름을 부르고 있네.

난의 향기

조선 여인의
옷고름처럼

단정히 빗어 내린
휘어진 고운 자태

세련된 모습으로
선을 보이고

멀쑥이 올라온 꽃대마저
갸우뚱 미소 짓네

송골송골
피어나는

추억 속 갈피마다
칠월의 강한 햇빛 위에

난의 향기를 더욱 토해낸다

목련

아직도 귀 시린
쌀쌀한
봄날 이른 아침

집 뜰
안팎에는

크고 작은
목련 몇 그루 꽃망울들이

따스한
아침 햇살을
받아 안고

현란한 미소로
침묵하는

봄을
흔들어 깨우고 있다

행복의 밧줄로

누가 뭐라고 해도
우리 가족은
울타리 가족

우리 모두
행복의 밧줄로
꼭꼭 묶어 놓고

아픔일랑
근심 걱정일랑
모두 떨쳐 버리고
웃음꽃으로
녹이고 녹여서

가족 행복의
창가에

전생에 만든
꽃동산에
행복의 꽃씨만을
심어놓습니다

오동도의 봄

남도의 봄 향기는
병풍바위 안고 돌고 돌아
바다 품에 안긴다

갈매기 입 날개 세워
먹이 사슬 분주하니
물소리 봄 소리에
나래를 편다

겨울 내내 설레던
봄 물결 어울져 오고
갈매기 날갯짓 사이로
수평선을 긋는다

소소리 바람 타고
봄소식은
너울너울 봄 바다를 넘어 넘어서
오동도 갯바람에 봄 아낙내도
사랑에 빠진다

먼 바람결의
한 가닥
멋들어진 남도의 가락이
앞 바다를 넘는다

3월의 팔당호

파란 하늘 아래
3월로 돌아온 팔당호

생명의 햇살에
삼라만상이 꿈틀대고

강 언저리에서
물오리 떼가

수초 흔들리는 강가에는
낚싯배 한 척이

봄볕보다
더 한가롭게 떠 있구나

휘파람 소리에
팔당호가 물결치니

봄 아지랑이도
넘실, 넘실 물결쳐오네

튤립 단상

너의 입김으로
대낮에 꽃등을 밝히고

찬란한 금빛 차림에
열리는 튤립축제

겨우내 다독여
마침내
피워 올리는
향수 같은 튤립
정열의 여인 같은
빨간 튤립

스쳐가는 계절의 바람결은
기억을 더듬게 하고

지나는
사람들의 시선에
답례라도 하듯

튤립은
수줍은 듯
향수 풍기며
미소 짓네

관음죽

사군자
그림처럼
여섯 자 남짓한 관음죽은

선비의 강직함을 닮아
대쪽같은 생명력으로
고고한
관음죽

푸른 정기의
꿈을 안고 있는
행운의 관음죽

너의
자태가
공기처럼 물처럼 생명처럼

고고함에
나도
반해 버린다

젊은 여름

새벽 바람에
황금물결 출렁이고
분주한 새들의 지저귐이
단잠을 깨운다

가슴 속 스미는
청량한 아침 공기는
흩어진 마음을
분주히 다독이고

내던져진
밭두렁에 호미처럼
어제도 오늘도
두렁에 미아 되어
속마음을 태운다

올해도 젊은 여름은
잡초만 무성하여
억센 손길을
기다리고 있다.

허수아비

너는 들녘 허수아비
나는 너의 어깨를 놀이터 삼아

황금빛 들녘에 숨어
쫒고 지키는
더 큰 솔개가 된다

가을 가고 찾아드는
햇살 받으며

내 품에 안겨
추위 달래고

밤이면
꼬옥 부등켜 안고

사랑의 등불 켜고
배불리 살아가려네

가을의 창

고향 들녘엔
낫을 든
할아버지 이마에
구슬땀 방울방울
가을이 익어 간다

가을을 사랑하는
할아버지 마음

손주 녀석
장가들 생각에
온종일 싱글벙글

"언제 색시 보일 거냐"
슬쩍 던지는
할아버지 말씀에

겸연쩍은
손자 녀석 웃음도
가을볕에 익어 간다

황금벌

희망의 아침
황금벌과 햇살이
도란도란
이야기꽃 피더니

풍요로운 가을을
잉태하고 있다

황금벌 오곡이
손사래를 흔들면
농부들의 웃는 모습이
수채화로 얼굴이 기름져가고

황공하게도
마음껏 하늘도 안아보고
태양도 안아보는 매상하는 날
풍성한 가을
한마당
끝자락에는 쌓인 벼 가마니마다
풍요로운 희망의 낙관을
찍는 일만 남아있네

별과 산호

바깥세상 궁금하여
수면 위로
고개를 내놓고 보니

추위를 떨고 있는
수많은 잔별들이
서로 팔짱을 끼고

올망졸망
몸을 녹이고 있다

바다 위로 떨어진
별빛이라도 모아
따뜻한 산호 숲에서

한잠 재워
보낼까 한다.

졸고 있는 보름달

창가에 서성이며
졸고 있는 보름달은
자존심마저 내어 주고
창문 열기만 기다린다

구름 타고 왔다가
바람을 타고 가야 할 바쁜 인생

보름달이 가을의 창이면
뜨는 해는 봄날의 창이던가

해님 달님 앞에
쪽진 머릿결 빗어 올리고
정한수 떠 놓고 빌던
어머니 축원도 너는 알고 있으리

환하게 웃는 너의 얼굴에
시선을 거둘 수가 없구나

가을을 끌어안고
은빛 날개를 핀 보름달

달아난 세월에도
빛바랜 고향에도
어머니 깊은 뜰에도 비추고 있겠지

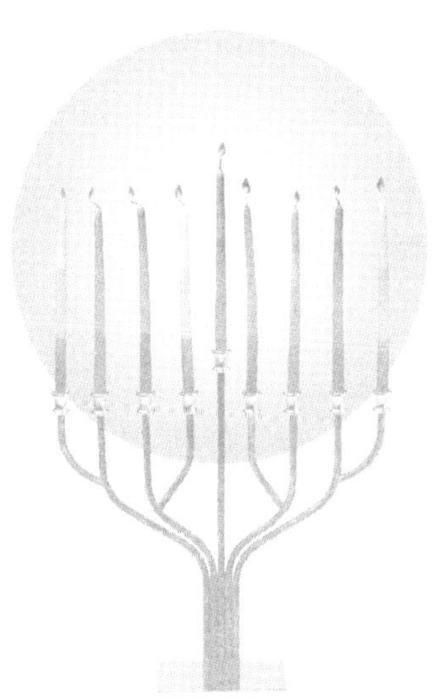

입 벌린 밤송이

해님 속에
포근했던 아침나절도
어느새 기울어져

반나절 해가
낙엽 속에 묻히고

여름 내내
가을의 삶의 그 의미를
찾고 보니

가을날
벙긋벙긋 입 벌린
밤송이에서

여름 내내
참고 견디어 온
폭염 속을

가을의 풍요 속에서야
그 비밀 열쇠가
훤히 보인다

단풍나무

옹달샘 터의
단풍나무 한 그루 심었네

수령 나이 오십 세
봄 여름 가을 겨울

때로는 화려하게
때로는 오묘하게

계절의 변신 또 변신
희노애락을 다 품어 안고

어제도 오늘도
굳건히
자신을 지켜가고 있네

천하무적

갈러리 들 창가
가랑잎 떨어지는 날
잃어버린 세월에
남자는 또 한 번
울고 싶었네

지난 세월을
거꾸로 되돌아
갈 수 있다면
개나리 진달래꽃 피기를
재촉하지만

세월의 무게를
이기지 못한 나는
병원 문턱을
내 집 무턱으로 착각한다고

시 동산에 천하장승은
나를 비웃기라도 하듯

오늘도 무심한 얼굴로
나를 맞이한다

길 잃은 아기 구름

땅을 밟아 보고 싶은
길 잃은 아기 구름

살포시
그림자로 내려와

풀잎에 앉아
하늘 이야기 속삭이고 나면

어느새
하루해는
노을빛으로
멍든다

물소리를 담고

계곡 따라 거닐다
산천어를 만나니

옹기종기 모여
사랑의 밀어를
나누는 그 모습 정겹다

소슬바람 불어
단풍잎 빨갛게 물들면
산천어 살찌는 소리에

내 마음도
갈대 숲도
막바지 여름도
흐르는 물소리 담아
가을의 획을 긋는다

6부

기록을 남기며

돌아보는 추억 속엔
스쳐간 인연들이
한 송이 꽃으로 피어
초승달 가슴에 꽂혀
흘러가고 있다

공감 속의 기도

하늘을 배우고 나니
믿음 세계는 평화로워라

교리의 말씀에서
희망이 차곡차곡 쌓여
내 마음의 희망
강이 되고 바다가 되어

메마른 생활 속에
촉촉한
또 다른 희망의 싹이 튼다

육신에 스며드는 신앙 세계는

어느덧
하느님의 은총을
마음속 깊은 곳까지 전하니

낙관을 찍을 일만 다가와
육신의 영혼도 마음도
공감 속에 아멘 함이네

자문자답

세상이란
무대에서

가족이랑
울타리가 있어

사랑 노래로
배를 불리고

그리그리
행복하게 있노라고
내 마음에
전하리라

꽃들이 잠이든 팽목항

세월호가 멈추던 4월
열엿새 날 그 시각
하늘이 울고 바다가 용트림하는
사나운 맹골수의 물속
작은 손 잡아주지 못한 마음 가슴이 탄다

어찌하여 수중 옥에 갇혔던가
탐욕이 부른 참사던가
기다리고 기다리다 눈물마저 메말랐네

세월호의 슬픔이여
단원고의 슬픔이여
불러도 대답 없는 팽목항 앞바다
꽃다운 나이가 가련하고 애절하다

울분과 분노
기대와 절망이 교차하는 순간순간들
어머니 마음으로
슬픔을 함께하리라

잠수사들의 숨막히는 숨바꼭질에도
무심한 바다도 세찬 바람도
애타는 부모들의 마음을 아는지 모르는지

먹을 수도 없고 머물 수도 없는
번지 없는 어두운 곳에서
꽃망울 피기도 전에
어찌하여 바다에 잠드는가

너도나도 얼굴은 모르지만
아픔을 나누는 마음은 그지없어라

침묵하는 시위에서
추모하는 시민의 행렬에서

우리 모두의 한마음으로
아픔을 함께하리 함께하리라

빨간 악마들

주심의 신호에 따라
환호성은 바다를 넘고
세계를 넘는 월드컵

선수들의 거친 숨소리는
칼바람을 일으키고
먹이 찾는 성난 사자와 같이
발톱에 채인
축구공은
높이 떠 해와 달이 되고
햇살은 부서져
잔디 위에 파도가 된다

빨간 악마들의
붉은 물결은
햇살 무늬처럼
성난 사자처럼
쏟아지는 눈빛들에
세계 월드컵은 하늘을 가른다

끝을 알리는 호각소리에
런닝 교환은
세계인의 우의를 다지고
선수들끼리 부둥켜안는 아름다운
친선과 뜨거운 우정의 모습은
현해탄을 넘고 바다를 넘는다

은강이와 조금래 시인

월드컵이 한반도 위상을

하늘의 문이 열리고
닫혔던 세계의 문도 열렸다
보라 아침의 나라
태극 물결을
지구촌에 수를 놓고
7천만 가슴 속에서
터져 나오는 열정은
용광로 화산처럼 뿜어 오른다
세계를 놀라게 한 통쾌한 월드컵 4강 신화
대한민국 심장부에서
청와대 울릉도 마라도에서
남녀노소 빈부귀천 노사관민
모두 하나 되어
오, 대한민국
붉은 악마의 함성은
바다를 뛰어 넘어 세계를 찌른다

폴란드 미국 포르투갈을 물리치고
터키와 어깨를 겨뤘던 4강 신화

장한 태극 전사들
치솟는 힘은 지구를 꿈틀거리게 했고
태평양 바다마저 출렁거렸다

마르지 않는 동방의 빛은
세계의 눈과 귀를 모았고

동방의 나라 대한민국
오, 감격의 승리
감격의 기쁨으로
축배의 잔을 들고 함께 춤을 추었노라
기어코 해냈노라
장하도다
대한의 남아들

2018 평창 동계올림픽

불꽃 축제로
개막식의 막 올린
평화 올림픽 피날레는
감동 속에서
즐거움을 넘어 새로움으로

평화 속의 평창 동계올림픽
남북 단일팀으로 막 오른다

가슴 벅찬 17일
우리 선수들의 한계를 넘어
쌓은 노력은 정정당당했다

승패와 그 결과에 승복하고
경쟁자와도 악수를 하는
멋진 장면에서
스포츠맨십의 정신은
더욱 빛났다

세계 속에
스포츠맨의 의미를 일깨우는

한국 건아들의
어깨는 당당했고
특히 유성민 이상호 선수
뿌린 만큼 거두었다
대한 건아들의 메달의 기적은
앞으로도
더욱 큰 세상으로 펼쳐지리라

아시안 게임

사십오억 인이 하나 되는
이천십사 년
16일간 아시안게임
인천항 한마당 놀이 축제

아름다운 우정과 평화
기록의 메달도 빛냈고
남북 공동 응원 모습도
더욱 아름답게 빛났도다

한국의 영웅
태극 전사들의
승리 승리 또 승리
종합순위 2위가 장하도다

각국
선수단에게도
보내는 응원과 파이팅 연호 소리
한국인의 친절 또한 높이 빛냈고

열일곱 번째
아시안의 생일잔치
인천시민의 아름다운 자원 봉사도
멋지게 빛냈도다

판문점 굴뚝새

햇볕 가지런히 내린
창틀가에
짝 잃은 한 마리
붉은 굴뚝새

산 너머
강 건너로
목 놓아 울며불며
하늘을 뚫고
한없이 솟아오른다

하늘이 맺어준 짝을
만날 때까지

하늘이 무너지고
땅이 터지도록
어제도 울고

오늘도
내일도 울겠다는
판문점 굴뚝새의
아픈 심정을
가버린 짝꿍 새는
아는지 모르는지

북녘땅

두고 온 북녘 산하
지척이 천리라 했나
혈육의 정
두고 온 북녘땅
분단은 이산을 낳고
이산은 아픔을 낳는다

그 무엇이
이데올로기냐
하나의 땅
하나의 민족을
이처럼
누가 갈라놓았단 말인가!
그토록 뼈저린 세월 속에
높여진 장벽
누가 허물고
누가 보상한단 말이냐

이산의 높은 장벽
육십오 년 세월을 삼키고도

아직도
부족하단 말인가
높은 장벽아 물어보자
얼마나 기다려야 하는가
얼마나……

4.27 한반도 봄은 오는가

쾌창한 봄날 봄기운을 받아
임진각 판문점에서
남북 두 정상은
3000여 국내외 기자 앞에서
한반도 비핵화와 평화통일의 이벤트
깜짝 투맨쇼를 펼쳤다

최북단 판문점 한계선
두 정상이 손잡고
온탕 냉탕 넘나들며
대립에서 화해로
아픈 역사를 치유하기 위해
새로운 평화시대
새로운 역사의 원년을 만들자는
4.27 정상 합의가 이루어졌다

한반도 65년의 분단의 벽의 역사를
넘자고 합의한다
65년간 귀에 익은 소리지만

색다른 이벤트 속에
세계 기자들을 유혹했다

평화통일 부푼 물결의 신음 속에서
과연 분단의 역사를 깨고
웅크렸던 한반도에도
운명의 봄은 오는 것인가

민생의 함성

깊은 잠에 빠진 경제
깨우지 못하는 청·백군 나라님
새 정치 헌 정치
개혁, 개혁 타령만 하지 말고
넘어지는 민생경제 일으켜 세우소서

명절이면 의원실 앞
선물꾸러미 태산이 되도
일사천리 통과되고
세비 꼬박꼬박 챙기듯이
어려운 민생도 꼬박꼬박 챙기소서
허리 굽는 서민들
세금 곤장도 가려 치고
신물 나는 기 싸움도
이제 그만, 그만 멈추오

일 않고
세비를 훔치는 국회가 되지 마오
하늘 같은 주인을 위해

싸움 않는 국회
사랑 받는 국회가 되어

일하는 국회
살맛나는 세상 만드소서
청·백군 나리님

문학은 위기 시대

방황하는 시인
시인하면
문학의 간판스타라 했던가
디지털 정보화 산업 혁명 시대는
환경변화로
몰고 온 문명이

어느새
다원화 시대로
바꾸어 놓았다
너무 큰 것을 잃은 것은
문인은 독자를 잃은 것이다

문학 위기 시대
독자가 없고
문학이 없는 사회는
공허하고 황량하다 할 것이다

그러나 위기를 기회로
삼을 수 있다

이러한 시대에서 작가와 독자 간에
벽을 뚫고 길을 찾는다는 것은
코끼리 바늘구멍 찾기라 하지만
오직 기회는 있을 뿐이다

읍민 축제의 날

송이송이 축하 꽃송이
주고받는 웃음 속에
축하 화환이 더욱 빛나더니

축하객들의 시선은
총총히 모여지고
귓전을 흔드는
애국가 반주가 우렁차다

2004년 6월 초닷새
초월읍 승격의 날
높은 하늘엔
오색 애드벌룬이 떠 있고

하늘이 감동하고
땅이 진동하는
초월읍 축제의 날

푸른 6월 하늘 아래
읍민의 화합도
후덕한 인심도
모두가 승격의 날

읍민이 오가는 축복 속에
초월읍
발전 향기는 영원하리

주일날의 미사 송

오늘은 주일 날
유난히도 붉게 타오르는 꼭두새벽
깊은 마음속에도 먼동이 트고
성당의 종소리
미사 송이 들리는 듯 들리는 듯
흐르는 전륜은
머리에서 발끝까지
흐른다

창가에 앉아 하늘 너머 보는 세상
아니 별난 세상
'일장춘몽一場春夢'의
꿈을 꾸는 듯
또 다른 세상을 들어가고 있네

포근하고 아름다운
찬미 속에 빠질 때면
나도 모르게
미사 송에 취해 포로가 된다

초보 세례자의
짧은 체험 속에서도
구원의 생명은
영원히 죽지 않는다는
진리도 배웠지

나의 작은 믿음 속에
성경 말씀을 통하여
자신의 성찰을 뒤돌아보는
밝은 세상은
자비와 사랑 하나님의 은총만이
가득히 넘쳐 그 충만한 향기가
초월성당 지붕 위에도
자욱이 내리고 있네

백세로 가는 고속도로

길손처럼 왔다가
가는 나그네라 하지만
내 인생
휘어 감아가는
세월만 바라볼 수 없어
천둥같이 쿵쿵 뛰는 가슴으로
무작정 백세 고속도로를 탔다

아뿔싸
윤활유가 떨어졌네

휴게소에 들려 충전 재충전
울고 웃고 부딪치며
창가에 스며든 달빛에 젖어
한때는 쓸쓸히 누워서
미래도 희망도 캄캄했지만

그러나 요행이 돼지해를 맞아서
꿈틀대는 천지를 보고
내 가슴 숨결 위에도

한 조각 두 조각
희망의 새싹이 트더니

꿈이여 다시 한 번
운명의 장난인지 내 인생도
천지의 운기를 받아
봄의 새싹처럼
솟아 오르고
칠전팔기 제2 인생의
백세 고속도로를
다시 달리고 있다

* 2018년 12월 30일 요양병원에서 퇴원하면서 쓴 시.

난관극복

한줌의 빛이 없는
디지털 문화혁명 시대
황량한 현실 속에
어려움을 부대끼며
질곡의 세월을 견뎌내야 했다

깨진 유리 파편을 밟고 지나는
험난했던 시대
기성세대는 묵묵히
걷고 또 걸어와야 했다

때로는 꼭 싸두었던 웃음보따리로
동료들을 위안했고
문인으로서 난관극복에
위안을 삼았다

생각해 보면
밟은 사람도
밟힌 사람도 청순하게 느껴질 뿐
홍시같이 익어가는 열정의 문학도들
어려울 때일수록
기회도 온다는 위안의
말 한마디 전하고 싶네

내 마음 몰라주고

인생은 속도보다
방향이라고 했나
그때 그 추억
발자국 따라
행복했다

급속히
찾아드는 황혼인생
누가 막겠냐마는

내 마음 몰라주고
가는 야속한 세월
밉기만 하네

성황당 고갯길
돌 하나 나 하나
돌 둘 나 둘
돌탑에 올려놓고

소망을
빌었던 그 시절처럼

가는 인생
길목을 막고 서서
남은 인생
아름답게 꽃 피우고
살아갈 것이네

폐만의 반란

세월의 굴레 속에 가슴 한 구석
폐만의 반란, 그 비밀을 아는지 모르는지
폐의 신음소리 까마득히 모르고
살아온 욕망은 신문고 소리 듣고서야 호들갑을 떤다
링거와 인연을 맺는 날은 지옥 같은 밤
병상에 주렁주렁 매달려 있는
그 속내 마음 답답하고
사망 동의서의 서명날인 확인
책임 전가의 덫을 놓는 데는
누군들 어찌하랴
주치의의 유혹에 수술 앞둔 내 맘 파도를 친다
까맣게 사그러진 가슴
정한수 떠놓고 빌어주시던 어머니의 모습도
파 뿌리 된 친구의 모습도 스쳐간다
시계 바늘은 자정 넘어
새벽으로 치닫고
뿌옇게 스며드는 알콜 향은
전등 빛을 가린다
고삐 사슬에 끌려간 아침 7시 30분
두 차례 코와 입을 덮친 마취는 몽롱 속으로 나를

깊이 끌고 가고 있다
때를 놓칠세라
행동 대원은 시작됐다 얼마쯤 흘렀을까
깨어난 당일도 그다음 날도 놀란 가슴
악몽의 끈은 만 나흘로
병상 무대의 단막극은 모두 끝났다

내 인생 고속도로를 운행 중
잠시 휴게소에 들렸을 뿐
나는 다시
인생 고속도로를 달린다.

*병상 일기 4박 5일_ 별 셋(삼성)이 빛나는 병상 카페에서.

인동초 공생 법칙

영하 속에 역경을 이겨내고
입춘을 맞아
봄을 지켜온 인동초

인고의
고삐를 움켜쥐고
사계의 법칙으로
독자생존으로 살아온 인동초

오직
인동은 인내만 있을 뿐
절망이란
없다는 교훈에서
봄을 지켜오고
봄을 기다려 왔네

아지랑이 아롱아롱
노랑나비 나풀나풀

새들은 지지배배
꽃잎은 한들한들

잡초들의 현란한 미소로
봄날의 꽃들의 향연이

당곡뜰에서도
시 동산에서도
높은 하늘을 보며

마음껏 펼치는
인동초
월동 축하연을 연다

아내의 사랑의 역사

아내의
사랑의 역사를 쓴다
하늘이 높고 바다가 깊다고
말했던가

자식 잘 되라 다칠세라
오직 자식 걱정
자식 뒷바라지
사랑의 기도
눈물을 얼마나 훔쳤던가

아내의 사랑
긴 여정은 돌고 돌아
하늘에 닿고 바다에 닿고
끝이 없다

끝없는 사랑의
시간은 지구를
돌고 돌아도
멈추지 않네

마디마디 손마디는
거북등이 되더니
세월이 그려준
이마의 주름 띠도
곰삭은
세월 속에서 빛을 바랬네

빛바랜 세월 속에서도

끝없는 사랑의
무게는 저울추가
턱없이 모자라네

은빛 날개 핀 보름달

창가에 서성이며
은빛 날개 핀 보름달
졸고 있는 가로등은
자존심마저 내어 주고
창문 열기만 기다린다

구름 타고 왔다가
바람을 타고 갈 길 바쁜 보름달
보름달이 가을의 창이면
뜨는 해는 봄날의 창이던가

햇님 달님 앞에
쪽진 머릿결 빗어 올리고
정화수 떠 놓고 빌던
어머니 축원도 너는 알고 있으리

환하게 웃는 너의 얼굴에
시선을 거둘 수가 없구나
가을을 끌어안고
은빛 날개를 핀 보름달

달아 난 세월에도
빛바랜 고향에도
어머니 깊은 뜰에도
지금도 비추고 있겠지

사랑의 정답

오고 가는 세월은
어김없이 다시 찾아오고
영산홍꽃 속에 새겨진
사랑에 정답을 위해
가깝고도 먼
고행 길을 찾아야 했다

세월 따라
어느덧 희고애락에서
당신의 검은 머리도
어느새 하얀 꽃이 피고

누렇게 바랜 편지 한 장 속에는
향수의 눈물도 풍겨 나온다

오늘의 인생도
날로 미세 먼지로
입 코를 틀어막는 시대
어차피 흘러가는 인생
그 까닭을 묻지 마라

하늘을 나는 문명인의 운명인 걸
그간에 텅 빈 가슴을
이제라도
아름다운 추억만을 담아
푸른 행복을 채우며 살리니

공空으로 가는 인생

오늘도
생존을 위해
인생 고도를 간다

또 한 계절 바뀌어
잎은 떨어져 흙에 묻히고

인생도
한 줌의 흙이요
한 줌의 재로 묻히거늘

공에서 왔다
공으로 가는 인생이네

불러도 대답 없는 내 청춘
어데 숨었나
이제 시 동산 지키는 것은

내 인생을 지키는 것이고
금수강산을 지키는 것
그리고
희망의 끈을 지키는 것

우리의 공감도

어머니 품에서
우리가 나왔고
어머니 땀에서
우리가 공부했고
어머니 눈물로
우리 배를 채웠고
어머니의 투박한 손이
우리를 키우셨다
우리는 공감한다

*5월 가정의 달을 맞아서 시 동산 국당 가족

自筆_ 마음을 담아 쓰다

어제의 당신이 있어
오늘의 우리가 있습니다
시인 이재국

"대박의 꿈"

高堂 이재욱

진샛골 실천따라
노인정 가는 길

옛 모습 어데 가고
빌라숲만 들어섰나

가슴한켠 허전함도
잠시 살래살래 보내고 나니

어느새 인생의 간이역이
내 발길을 잡는다

고스톱 동전알에
푹 빠지는 할멈네들

가는 세월 휘어 잡고
똥피 한장 높이 날려

대박의 꿈을 걸어본다
운명의 꿈을…

가족이란

송당 이재복

먼동이 트는 첫날 아침
부평에 소박한 삶을 빌고
풍요로운 가족이란 울타리를
幸福 행복의 저울추에
가만히 얹어 본다
가족이란 울타리를‥

農者天下之大本也
人無遠慮難成大業
百忍堂中有泰和
精神一到何事不成
家和萬事成

二千十四年 石雲

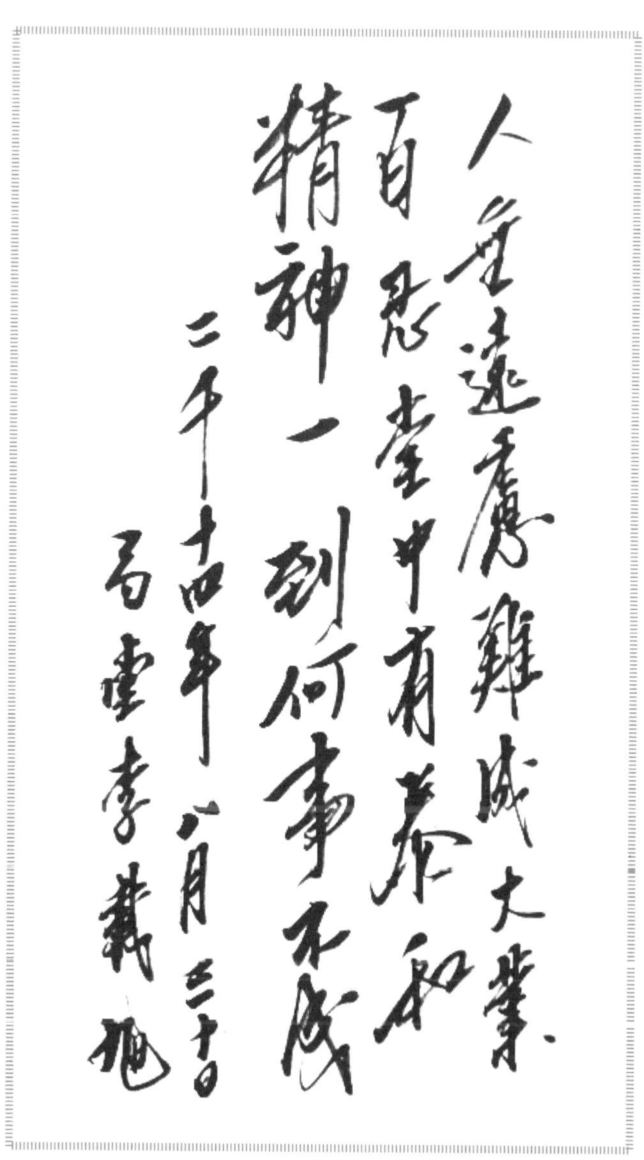
人無遠慮難成大業、
百忍堂中有泰和
精神一到何事不成
二千十四年八月三十日

精神一到何事不成
人生遠慮難成大業
百忍堂中有泰和
一勤天下無難事

二千十四年
菊堂

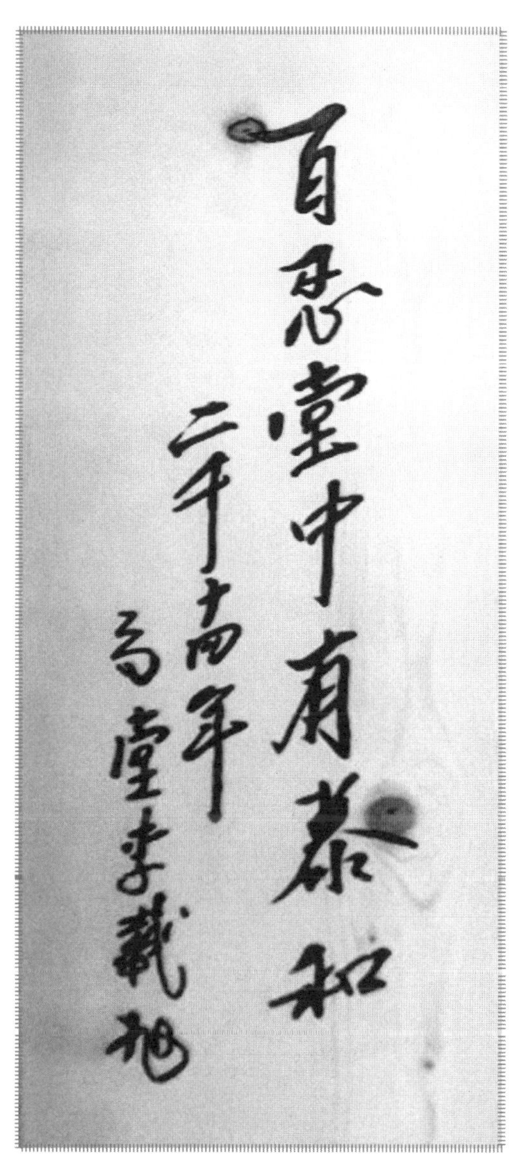

河南文學暢達
廣州文學暢達

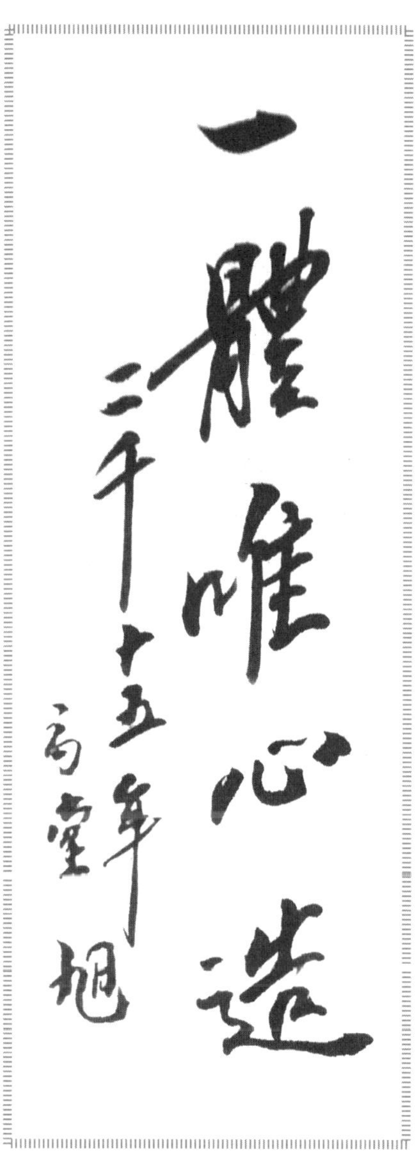
一體唯心造
二千十五年

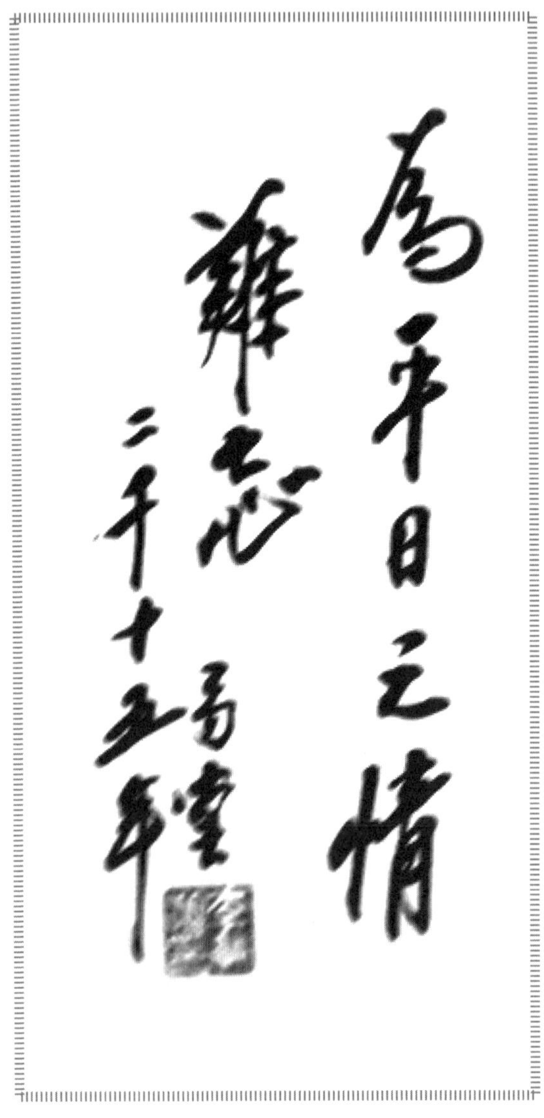
難忘
二千十五年

萬事如意亨通